ÉTUDE SUR LA RECHERCHE
DE
LA PATERNITÉ

PAR

PAUL COULET

AVOCAT A LA COUR D'APPEL

ET

ALBERT VAUNOIS

LICENCIÉ ÈS-LETTRES, AVOCAT A LA COUR D'APPEL

AVEC UNE PRÉFACE DE

M. LÉON RENAULT

DÉPUTÉ, AVOCAT A LA COUR D'APPEL

« La recherche de la paternité
est interdite. »
(CODE CIVIL, article 340.)

PARIS
LIBRAIRIE DE A. MARESCQ AÎNÉ, ÉDITEUR
20, RUE SOUFFLOT, 20
(Au coin de la rue Victor-Cousin)

1880
Tous droits réservés.

ÉTUDE SUR LA RECHERCHE

DE

LA PATERNITÉ

CHATEAUROUX. — TYPOGRAPHIE ET STÉRÉOTYPIE A NURET ET FILS.

ÉTUDE SUR LA RECHERCHE

DE

LA PATERNITÉ

PAR

PAUL COULET

AVOCAT A LA COUR D'APPEL

ET

ALBERT VAUNOIS

LICENCIÉ ÈS-LETTRES, AVOCAT A LA COUR D'APPEL

AVEC UNE PRÉFACE DE

M. LÉON RENAULT

DÉPUTÉ, AVOCAT A LA COUR D'APPEL

> « La recherche de la paternité
> est interdite. »
> (CODE CIVIL, article 340.)

PARIS
LIBRAIRIE DE A. MARESCQ AINÉ, ÉDITEUR
20, RUE SOUFFLOT, 20
(Au coin de la rue Victor-Cousin)

1880

Tous droits réservés.

A Mᴱ PAUL COULET

AVOCAT A LA COUR D'APPEL DE PARIS

Mon cher confrère,

J'ai lu avec un très vif intérêt votre attachant travail sur la recherche de la paternité.

Je ne puis que donner une adhésion sans réserve à la thèse que vous soutenez si énergiquement. Elle a pour elle une expérience bientôt séculaire, dont il faut tenir un si grand compte dans toutes les questions qui touchent au bon ordre des sociétés.

L'interdiction de la recherche de la paternité produit parfois des conséquences faites pour attrister et inquiéter la conscience ; c'est en les invoquant qu'on a déterminé sans doute le Sénat à prendre en considération la proposition de loi portant modification de l'article 340 du Code civil. La haute Assemblée a cédé à une sorte d'indignation naturelle et légitime contre des abandons et des oublis de devoirs qui ne méritent que la réprobation des honnêtes gens.

Lorsqu'il s'agit de toucher à des règles qui se rapportent à l'organisation même de la société, il faut s'élever au-dessus des cas particuliers. Le mal public qui résulterait de la recherche de la paternité, même limitée par des précautions minutieuses, ne serait-il pas plus dommageable que les souffrances et les iniquités privées qu'entraîne parfois son interdiction absolue? C'était dans ces termes qu'il convenait de poser la question ; c'est ainsi que vous l'avez envisagée : vous avez établi d'une façon suivant moi irréfutable, que tous les désordres qui avaient existé antérieurement au Code civil se renouvelleraient, et peut-être même s'aggraveraient si la barrière de la loi, l'article 340, était renversée ou affaiblie.

Je ne puis donc que vous féliciter de la science et du talent avec lesquels vous avez défendu ce que je crois être la vérité, et je fais les vœux les plus sincères pour que votre ouvrage éclaire l'opinion de tous ceux qui votent les lois, aussi bien que de ceux à l'existence desquels elles président.

Recevez, mon cher confrère, l'assurance de mes sentiments les plus sympathiques.

LÉON RENAULT,
Député, Avocat à la Cour d'appel de Paris.

Paris, 6 juillet 1880.

ÉTUDE SUR LA RECHERCHE
DE
LA PATERNITÉ

I

Historique. — La recherche de la paternité et les demandes en dommages-intérêts pour cause de séduction avant la loi du 12 Brumaire an II.— Textes de l'ancien droit. — Arrêts des parlements. — Discours de Servan au Parlement de Grenoble.— Tendance dès, le XVIII⁰ siècle, à prohiber la recherche de la paternité.

La recherche de la paternité est interdite. Voilà ce que nous apprend l'article 340 du Code civil. Les termes de cet article sont formels et n'admettent de tempérament que dans le cas d'enlèvement; l'exception même n'est pas impérative; elle n'est que *facultative* pour le juge.

« ART. 340 : *La recherche de la paternité est interdite: dans le cas d'enlèvement, lorsque l'époque de cet enlèvement se rapportera à celle de la conception, le ravisseur* pourra *être*. *sur la demande des parties intéressées, déclaré père de l'enfant.* »

Des critiques violentes ont été soulevées contre cette règle ; des esprits sérieux se sont révoltés et un projet a été déposé au Sénat pour modifier le principe et autoriser la recherche de la paternité. Bien plus, depuis un certain nombre d'années, sans attendre que le législateur ait été seulement saisi de la question, la jurisprudence a cru pouvoir la résoudre ; des controverses subtiles, des divergences qui étonnent quand on considère la rédaction si précise de l'article 340, se sont produites. On est stupéfait de voir combien peu les auteurs et les juges ont compris l'intention du législateur[1], avec quelle facilité les tribunaux ordinaires, et même la Cour suprême, tournent, éludent, violent l'article 340, autorisent en quelque sorte les moralistes et les législateurs modernes (nous ne disons pas les juristes) à venir, ces décisions illégales en main, proposer des réformes qui auraient pour conséquences de briser l'harmonie du code tout entier, de revenir aux anciens abus, et de laisser porte ouverte au scandale et au chantage.

[1]. M. Ancelot a dit, en parlant de la jurisprudence contraire à l'article 340 : « Il y a une manière juste et libérale d'interpréter et d'appliquer la loi, qui honore les devoirs de la vie publique et privée en entrant jusqu'au fond dans l'esprit du législateur, pour adapter ses statuts aux conditions variables de l'état social. »

C'est donc cet article 340 du code civil que nous venons défendre contre les attaques dont il est l'objet.

Pourquoi le défendre, dira-t-on? n'est-il pas un texte du code? Ne se défend-il pas tout seul par là même et prétendez-vous, mieux que le législateur, le Tribunat et le Conseil d'État de l'an XII, dire ce qui peut nécessiter sa présence dans la loi?

Si nous voulons le défendre et le maintenir dans le code tel qu'il est, c'est que la jurisprudence, les auteurs et les législateurs modernes prétendent qu'en vertu de l'adage *autres temps, autres mœurs*, l'article 340 n'est plus de mise, que s'il était bon en 1804, il ne l'est plus en 1880. Bigot Préameneu n'est plus là pour répondre, Lahary non plus. Nous venons, comme jurisconsultes modernes, repousser les détracteurs modernes de cet article ; mais pour connaître tous les détails de la question et l'envisager à un point de vue général, il faut remonter un peu en arrière et préciser quel était l'état de la jurisprudence et de la législation, quelque temps avant le vote de la loi de l'an XII.

Nous ne voulons remonter ni à Charlemagne ni aux croisades comme d'aucuns l'ont fait dans leurs virulentes polémiques contre l'art. 340 : nous nous contenterons de placer ici un exposé de la législation, de la jurisprudence et des opinions des jurisconsultes sur la matière qui nous occupe, et nous montrerons que si l'art. 340 a été placé par le législateur de 1804 dans le code, ce n'est pas pour satisfaire aux idées révolutionnaires, ni pour apporter sans transition un brusque changement, une rupture radicale et brutale avec les anciens usages et les mœurs du siècle précédent; que, bien au contraire, l'art. 340 a été amené dans le code par une pente insensible, longuement prévue et préparée par des jurisconsultes et des moralistes d'une valeur incontestable et incontestée, qui dès longtemps avaient reconnu la nécessité d'interdire formellement la recherche de la paternité.

Le droit ancien autorisait la recherche de la paternité.

C'est sous l'influence du droit canonique, dont le but est, avant tout, de faire respecter la morale, que l'on refusait au mariage *in extremis* la force de légitimer les enfants nés du concubinage (déclaration de 1539); ç'aurait été, pensait-on, encourager les parents à vivre dans le désordre jusqu'à la veille de leur mort. — C'est sous la même influence que l'on permit, que l'on encouragea la recherche de la paternité; il fallait découvrir le père pour le forcer à épouser la mère, à rentrer dans les liens d'une union régulière et sanctifiée par l'Église.

« *La chose étant avérée..... l'on a accoutumé d'amener en la dite église, l'homme et la femme qui ont forfaict en leur honneur, et là estans conduicts par deux sergeants (au cas qu'ils n'y veulent venir de leur bonne volonté), ils sont espousez ensemble par le curé du dit lieu avec un anneau de paille[1].* »

L'homme coupable est condamné, suivant les provinces, au mariage ou à la mort.

L'article 497 de la coutume de Bretagne condamnait à mort celui qui était convaincu d'avoir suborné une fille mineure de 25 ans sous prétexte de mariage ou *autre couleur*. Cependant cette coutume fut peu appliquée à la lettre ; on arriva pour l'adoucir à laisser au séducteur la faculté d'épouser la plaignante. Celui-ci préférait tout à la mort et épousait. Il est superflu de montrer combien cette disposition attaquait le principe de liberté du consentement au mariage.

Cette disposition de la coutume de Bretagne amena les parlements à regarder la seule plainte de la fille qui prétendait avoir été séduite, jointe à la preuve d'une simple fréquentation, comme un motif suffisant pour condamner l'accusé, comme père de l'enfant qu'avait eu la plaignante, à payer des dommages-intérêts, à fournir une pension à l'enfant, et à subir une peine d'une certaine gravité.

On en était arrivé à modifier ainsi le texte primitif de la coutume de Bretagne:

« *Les personnes convaincues de séduction, ou*

---

[1]. Du Breuil, *Antiquités de Paris*, p. 90.

reconnues coupables d'avoir eu avec des filles ou veuves un commerce illicite, seront condamnées à telles peines qu'il appartiendra. »

Un édit du 22 novembre 1730[1], adressé à ce même parlement de Bretagne pour condamner sa jurisprudence, prouve que, même sous Louis XV, on ne se relâchait pas de la sévérité primitive. Cet édit renvoie à l'ordonnance de Blois de 1579, article 42, et à la déclaration du 26 novembre 1639 dont il confirme et explique les dispositions.

On distinguait trois cas différents : deux sortes de rapts et le simple commerce illicite. Le rapt de violence était ce que nous nommons aujourd'hui rapt ou enlèvement. C'était le plus grave. Venait ensuite le rapt de séduction, quand une personne majeure engageait, par artifice, un mineur ou plus souvent une mineure de vingt-cinq ans, *à contracter mariage,* sans le consentement des personnes dont ce mineur ou cette mineure dépendait. Dans ces deux premiers cas, l'ordonnance de Blois prononçait la peine de mort, même si les mineurs déclaraient avoir consenti au rapt. L'ordonnance de 1629, art. 169, prononçait la mort, la confiscation des biens, la nullité du mariage s'il avait eu lieu, la bâtardise des enfants, et des châtiments pour les complices ou les recé-

---

[1]. Voir : *Esprit des ordonnances de Louis XV,* par Sallé, avocat au Parlement, de l'Académie royale des Sciences et Belles Lettres de Berlin, 1768.

leurs des coupables. L'édit de 1730 confirme cette pénalité et blâme expressément deux jurisprudences : celle qui disait à l'homme : le mariage ou la mort, et celle qui laissait le choix à la fille. En ce cas le ravisseur était condamné à mort, mais tandis qu'on le menait au supplice, enchaîné, dans un appareil ignominieux, sa victime pouvait venir le réclamer et on les mariait séance tenante.

Le commerce illicite, d'après ce qui résulte de notre édit, est celui où la séduction n'a pas eu pour objet et pour fin de porter la mineure à un mariage, sans le consentement des personnes dont elle dépend. C'est la séduction pure et simple que beaucoup de cours, même souveraines, ne distinguaient pas du rapt de séduction. L'art. 42 de l'ordonnance de Blois semblait prononcer la même peine que pour les deux rapts : la mort. L'ordonnance de 1629, art. 169, ne prévoyait expressément que les deux espèces de rapt ; notre édit fait de même. Il n'y a donc lieu dans le cas de simple séduction qu'à une poursuite extraordinaire, quelquefois à des peines afflictives, et par exception, à la mort, quand la séduction est accompagnée de circonstances graves, comme si un domestique suborne la fille de son maître.

Un arrêt du Parlement de Paris, du 4 octobre 1661 a jugé que : « *Si une fille a eu com-*
» *merce avec plusieurs hommes, ils doivent tous*
» *contribuer solidairement aux aliments de l'en-*

» *fant, attendu qu'on ignore lequel d'entre eux*
» *est le père.* »

Une ordonnance de 1670 autorisait la fille-mère à actionner celui qu'elle accusait de l'avoir rendue mère, soit au civil par une instance, soit au criminel par une plainte en *gravidation* ; de sorte que la filiation naturelle, pouvait résulter soit expressément d'une instance qui avait pour but immédiat la reconnaissance forcée, soit, par voie de conséquence, d'une demande en dommages-intérêts.

La fille ou femme qui avait eu des rapports avec un homme et qui était devenue enceinte, pouvait faire par serment devant l'officier de police ou le juge du canton déclaration de la grossesse et du nom du prétendu père, en manifestant l'intention de le poursuivre [1]. Les Parlements condamnaient la plupart du temps l'homme ainsi poursuivi à payer à la fille des dommages-intérêts et à faire une pension à l'enfant né ou à naître, laissant le choix au défendeur ou de se soumettre à l'arrêt ou d'épouser la fille.

Cette dernière décision a été condamnée par un arrêt célèbre du 10 mars 1713 du Parlement de Paris, comme contraire à la liberté du mariage et au principe que pour réparer un préjudice, il

---

1. Elle était même forcée en quelque sorte à cette déclaration de grossesse. Si elle ne l'avait pas faite et que son enfant pérît, un édit de Henri II, de 1556, la condamnait à mort.

faut que ce préjudice existe. Dans l'espèce sait-on si l'enfant naîtra et naîtra vivant et viable ?

Un arrêt de la Tournelle criminelle du 8 février 1679 a condamné un sieur Froger à se charger d'un enfant quoiqu'il eût été établi que dans le temps de ses relations avec le sieur Froger, la mère de l'enfant entretenait un commerce criminel avec le vicaire de sa paroisse. (Dans ce sens : arrêts 16 juin 1690, Parlement de Paris ; — 15 avril 1712, Parlement de Rouen, mars 1723).

On trouve dans les considérants d'un arrêt du Châtelet, 10 octobre 1760 (dans cette affaire, l'homme poursuivi comme séducteur accusait la demanderesse d'inconduite) :

« ... Considérant, que l'inconduite de la fille
» n'est pas une raison pour dispenser l'accusé de
» se charger de l'enfant du moment qu'il est avéré
» qu'ils ont eu des rapports ensemble. »

Le 26 juin 1762, le Parlement de Paris rendit un arrêt condamnant un prétendu père dans les circonstances suivantes :

Une fille était accouchée d'un enfant et neuf ans après elle avait actionné celui dont elle prétendait que l'enfant était né. En vain le défendeur soutenait-il la non-recevabilité de l'action à cause du manque de preuves et du long silence de la mère. Il fut condamné.

Il serait trop long de rapporter ici tous les arrêts autorisant la recherche de la paternité. Le journal des audiences (1620 à 1778) en contient un nombre considérable, nous avons cité les plus topiques.

C'était au président Fabre qu'on devait la formule précise qui résuma la jurisprudence antérieure et fixa la jurisprudence postérieure. Son opinion avait une grande autorité en matière de droit et il rendit indiscuté en pratique le principe que la recherche de la paternité était admise.

« *Creditur virgini dicenti se ab aliquo cogni-*
» *tam et ex eo prægnantem esse.* »

(Fabre. *Codex definitionum*, lib. IV, tit. XIV, *definitio* XVIII.)

On doit croire la fille mère ! De là naissaient souvent des discussions violentes et scandaleuses. Il s'agissait du fait de paternité ; or, comment pénétrer le secret impénétrable de la nature ? Dans la pensée de Fabre, il est vrai, la maxime *creditur virgini* ne s'appliquait qu'à une fille honnête, car il ajoute aussitôt: *meretrici non item*. Mais qui pourra compter d'un œil sûr les degrés dans la faute? Après combien de chutes cesse l'honnêteté? Où s'arrête la *virgo?* où commence la *meretrix?* Toutes sont coupables, mais honnêtes, à les entendre et les Parlements l'entendaient ainsi. La règle de Fabre était dangereuse, le champ d'application illimité: les témoignages ne manquent pas pour en attester les abus innombrables, et les trois arrêts que nous citons plus haut, de 1661, de 1679 et de 1760, prouvent qu'on tenait à peu près comme non avenue la restriction que Fabre avait mise à sa règle.

Pothier dans le *Traité du mariage*, V° partie, chap. 2, § 3, dit:

« L'obligation en laquelle sont les père et mère
» de nourrir leurs enfants, comprend même ceux
» qui sont nés d'unions illicites et de fornica-
» tions.

» Lorsqu'une fille ou une veuve est grosse des
» faits d'un homme, sur la plainte qu'elle forme
» contre lui et sur l'intervention du ministère
» public, cet homme, s'il en est convaincu, peut
» être déclaré père de l'enfant et condamné à
» payer une pension à la mère...

» Lorsque l'homme dénie avoir eu commerce
» avec la fille, la preuve que la fille fera par té-
» moins que cet homme a eu quelques familia-
» rités ou privautés avec elle, suffit pour le faire
» présumer père et faire condamner à se charger
» de l'enfant. »

De là qu'arrivait-il presque toujours? C'est que, pour éviter le scandale et quelquefois par crainte d'un procès criminel, l'individu à qui la fille mère voulait attribuer la paternité de son enfant s'empressait de transiger sur les dommages-intérêts réclamés.

La déclaration de grossesse dont nous avons parlé plus haut était faite quelquefois par le père et la mère, cette déclaration valait reconnaissance de l'enfant à naître; et si plus tard le père ne voulait pas nourrir l'enfant, une action en justice était introduite par la mère ; ce n'était plus que pour obliger le père à exécuter l'obligation par lui contractée.

Mais faute de la déclaration du père et en présence de ses dénégations, lorsqu'il était poursuivi, à défaut de preuves positives, le juge s'attachait aux présomptions, il étudiait les circonstances de fait : c'est avec des *indices* qu'il se formait une *conviction*.

Lorsque, par exemple, la mère se trouvait dans les douleurs de l'enfantement et qu'elle attestait par serment que tel homme était le père de son enfant, cette déclaration était provisoirement regardée comme preuve irréfragable : *creditur virgini parturienti*. La mère, jusqu'à la majorité de l'enfant, et ce dernier, pendant les six mois qui suivaient sa majorité, pouvaient intenter, l'une l'action en dommages-intérêts, l'autre l'action en pension alimentaire et en recherche de paternité.

Toutes les décisions de justice qui intervenaient à la suite de ces procès donnaient le droit à ces bâtards de succéder à leur père, ils venaient, ces arrêts en main, réclamer leur part à la succession, et l'on ne pouvait les écarter, la preuve de leur filiation existait d'une façon authentique dans les arrêts qui avaient condamné leur père à payer des dommages intérêts pour leur mère et une pension pour eux.

Le principe *creditur virgini...* permit à d'audacieux intrigants de s'introduire à l'aide de preuves frauduleuses dans des familles honorables ; nul n'était à l'abri de l'accusation de séduction ; un mensonge inspiré par l'intérêt pouvait atteindre la réputation du plus honnête homme, jeter le trouble dans la famille la plus honorable ; la porte était ouverte aux plus odieuses convoitises.

Plus le procès était fait tardivement, plus il avait de chances de réussir : pendant que l'enfant naturel recueillait en secret des preuves fausses et de vaines présomptions, entretenait mensongèrement la mémoire complaisante de quelques témoins achetés, pendant ce temps l'homme sur lequel allait tomber ce procès vivait tranquillement ; surpris à l'improviste, ne pouvant que nier, n'ayant point de contre-preuves à apporter, il était condamné, et l'on peut comprendre de quel effet était ce jugement vis-à-vis de sa famille et de ses amis. Combien d'innocents ont été sacrifiés à ce système dangereux et sont devenus pères en vertu de la maxime alors en vigueur !

Il suffit d'interroger les fastes de la jurisprudence pour se convaincre du scandale qu'occasionnait la recherche de la paternité. Tantôt la fille déroulait des lettres ou des billets dans lesquels son amant avait peint sa brûlante ardeur et fait des aveux d'intimité, tantôt elle rassemblait un nombre plus ou moins grand de témoins qui venaient dévoiler à la face de la justice les fréquentations assidues, les rendez-vous secrets, les coups d'œil passionnés qui sont le prélude du *mystère*. Ces témoignages qui ne prouvaient rien, surtout le *mystère,* devenaient pour le juge des preuves certaines de paternité.

Le père prétendu essayait alors de prouver que d'autres hommes avaient eu les faveurs de cette femme, et que l'enfant pouvait avoir un autre père : peu importait, il fallait une victime, et si l'on en rencontrait plusieurs, on les condamnait *solidairement,* un enfant appartenait alors indivisément à plusieurs pères.

On sent combien le juge devait être embarrassé et combien il lui était difficile de se préserver de l'erreur, mais l'ordonnance de 1670, l'usage et la jurisprudence étaient là ; il fallait condamner, et il condamnait. C'était aussi par une fausse application du principe reproduit plus tard dans notre code civil par l'article 1382[1], que les tribunaux condamnaient le père naturel à des dommages-intérêts et à une pension.

Si quelques hommes se rendaient coupables de séduction véritable envers les filles, celles-ci, sûres d'obtenir des *réparations civiles* et de pouvoir imposer une paternité souvent douteuse, ne

---

1. Article 1382 : Tout fait quelconque de l'homme, qui cause à autrui un dommage, oblige celui par la faute duquel il est arrivé, à le réparer.

se défendaient que pour la forme et n'opposaient qu'une molle résistance à l'attaque des hommes. Combien mettaient leur vertu et leurs faveurs à l'enchère, et fondaient sur leur complaisance, leur déshonneur et leur fécondité, tout l'espoir de leur fortune! De là ces imputations gratuites et ces vives résistances des hommes injustement signalés comme pères.

Aussi la confiance que l'on avait en la recherche de la paternité s'affaiblit insensiblement; on en aperçut les inconvénients et les abus.

La déclaration de grossesse de la mère ne lui servit plus qu'à lui faire adjuger quelques modiques frais de *gésine*. Une jurisprudence s'établit à la fin du XVIIe siècle, par les soins de d'Aguesseau et d'autres magistrats qui distinguèrent le rapt et l'enlèvement, de la séduction.

D'Aguesseau, dans un procès qui eut un grand retentissement, prononça comme avocat général à la grande Tournelle criminelle, le 13 août 1698, un réquisitoire dans lequel il s'éleva contre les abus consacrés par la jurisprudence et obtint un arrêt presque conforme à ses conclusions :

« Rien n'est plus dangereux que de faire con-
» naître aux filles qui ne cherchent dans les pro-
» cès en séduction qu'à tirer avantage de leur
» faute, un moyen de réparer les suites d'une sé-
» duction qui vient souvent de leur part, ou d'une
» débauche volontaire qui peut non seulement
» être un degré pour parvenir à un mariage,

» mais le rendre nécessaire et forcé par la crainte
» d'une condamnation à des dommages-intérêts. »

Nous ne pouvons mieux terminer cette étude sur la recherche de la paternité dans l'ancien droit, qu'en citant quelques passages d'un discours de l'avocat général Servan au Parlement de Grenoble, dans lequel il s'élève contre la règle *creditur virgini...* et requiert une réforme :

« La maxime du président Fabre : « *Creditur
» virgini dicenti se ab aliquo cognitam et ex eo
» prægnantem esse* », règne depuis longtemps
» dans notre législation et notre jurisprudence.
» Mais d'après une variation récente de cette
» jurisprudence, loin de chercher à étendre cette
» règle, on cherche à la resserrer, disons le mot,
» à l'abolir... Oui, sans doute, je croirai même
» sur ses faiblesses le témoignage d'une fille qui
» se tait, et jamais celui d'une fille qui ose parler;
» je croirai ses larmes, et jamais ses récits. Que
» des parents demandent à une fille encore pudi-
» que quel est l'auteur de sa honte, qu'ils le nom-
» ment, qu'ils la pressent de l'avouer.... elle
» pleure, voilà tout l'aveu que la pudeur peut
» proférer.

» Mais quand on voit une fille se présenter à
» un tribunal pour lui dévoiler son affreux état,
» en nommer l'auteur, désigner les époques, faire
» consacrer à ses yeux et sur le papier l'histoire
» de son infamie, quand, après un pareil malheur,

» une fille se montre encore sensible à l'intérêt,
» quand elle ose envisager des dédommagements
» pour une perte qui n'est bien sentie qu'autant
» qu'on la croit inestimable, alors on doit se dire

« Voilà une fille qui a franchi toutes les barriè-
» res de son sexe, rien ne peut plus l'arrêter, je
» m'en défie, non parce qu'elle a commis une faute,
» mais parce qu'elle a conçu et exécuté le dessein
» de la publier ; dès ce moment je vois dans son
» caractère une audace qui la bannit de son
» sexe..... »

« ... Ces déclarations pour l'ordinaire sont faites
» par des filles d'un état obscur, souvent l'homme
» qu'elles attaquent a un rang, un nom, des ri-
» chesses, et c'est alors que les menaces, les plain-
» tes, les raisons plausibles accablent cette vic-
» time.....

» ... Je ne vois pas comment on peut concilier la
» maxime du président Fabre avec cette protec-
» tion que la justice doit à tous les citoyens. On
» fuira devant une fille mère, chacun tremblera
» de peur qu'en détournant les yeux sur lui, elle
» ne l'infecte de paternité.

» ... On prétend que la maxime du président
» Fabre est utile aux mœurs ; j'avouerai que je
» ne découvre pas ce rapport. Cette maxime est-
» elle utile aux mœurs parce qu'elle les corrige ?
» Si on soutient qu'elle prévient les déborde-
» ments du libertinage, je répondrai d'abord
» qu'elle ne prévient pas les faiblesses du sexe,

» puisqu'elle lui donne la certitude d'être secouru
» et l'espérance d'être dédommagé. Prévient-elle
» les entreprises des hommes ? Non, un amant fa-
» vorisé a bien plus d'espérance de faire rejeter
» cette déclaration sur un autre, que de craindre
» de la recevoir sur lui-même. On dit que ce sont
» les hommes qui sont les séducteurs, non, ce
» sont les femmes qui, à l'aide de cette règle, s'en-
» hardissent et séduisent les hommes.

» On regarde cette règle comme une correction
» utile; non, je ne saurais adopter une règle de
» correction qui, dans un délit (s'il y a délit), dit
» qu'il y a deux coupables, l'un certain, l'autre
» présumé, et qu'on doit punir un homme seu-
» lement soupçonné en faveur d'une fille con-
» vaincue....

» Souffrirons-nous que le public soit plus juste
» que nous ? Il tourne en dérision ces déclarations
» dont il connaît les abus et c'est aujourd'hui
» dans le monde une maxime contraire à celle du
» président Fabre, que le père désigné par une
» fille enceinte est le plus malheureux mais rare-
» ment le plus coupable.

» Si le public juge ainsi, c'est qu'il connaît
» bien les mœurs de celles qui fabriquent un dan-
» gereux ouvrage.

» Fermons désormais cette voie trop large ou-
» verte à la vengeance, aux saillies indécentes du
» libertinage. Je vous supplie au nom de l'ordre
» public d'abroger cette règle, car les filles qui se

» laissent séduire n'ont qu'à s'en prendre à leurs
» propres faiblesses. »

Du tableau de l'ancienne législation et de l'ancienne jurisprudence en matière de recherche de paternité, que nous avons dressé brièvement, mais avec des exemples puisés aux sources authentiques, on peut facilement tirer la conséquence que cet état de choses offrait de graves inconvénients, ainsi que l'a si éloquemment montré Servan dans le discours que nous avons relaté ci-dessus.

On a vu que, dès le dix-septième siècle, on avait commencé à réagir contre la législation et la jurisprudence, et qu'insensiblement on en était arrivé à désirer vivement une réforme ; ce fut la Révolution qui l'opéra.

Examinons donc les raisons qui ont fait adopter la loi du 12 brumaire an II, et dans quels termes les législateurs de la Révolution ont posé le principe que la recherche de la paternité était interdite.

II

Loi du 12 Brumaire an II. — Travaux préparatoires du Code civil. — Discussion au Conseil d'État. — Motifs d'adoption de l'article 340.

Les assemblées révolutionnaires, dans leurs décrets, et les rédacteurs du Code civil, dans leurs projets, n'ont pas rompu tout lien avec la tradition ; ils n'ont pas, comme on les en a accusés, orgueilleusement rejeté l'expérience du passé. Ils ont consacré la législation antérieure dans ce qu'elle avait de bon, et quand ils l'ont abandonnée, c'était presque toujours pour en corriger les vices depuis longtemps signalés. La réaction a été quelquefois un peu vive, la réforme d'un abus était un excès ; mais on revenait vite à des idées plus saines et plus modérées ; la conciliation s'opérait entre les extrêmes.

Ils n'avaient certes pas un dédain naturel et irréfléchi pour tous leurs prédécesseurs, ces hommes qui cherchaient à tailler leur société nouvelle sur le modèle de l'antiquité ; qui, en avançant vers l'avenir, s'imaginaient pouvoir retourner au passé, se croyaient les vrais fils d'Aristide d'Aspasie, de Phryné, de Brutus et de Caton, dont ils empruntaient les noms, affectaient les mœurs, endossaient le costume et parodiaient le langage. Il n'avait pas le mépris de la tradition, cet Hérault de Séchelles qui, chargé, avec quatre de ses collègues, de rédiger en deux ou trois jours la constitution de 1793, demandait à la Bibliothèque nationale un exemplaire des lois de Minos, « dont il avait un besoin urgent, et qui devaient se trouver dans les recueils de lois grecques [1] » !

Si la Convention tire parfois d'un principe philosophique une conséquence trop rigoureuse, elle corrige souvent le résultat en s'éclairant de l'expérience antérieure ; elle aime la raison sans négliger absolument les faits, et elle l'a prouvé en réglant la matière qui nous occupe. Entraînée par les idées de fraternité, d'égalité universelle, de justice due aux enfants naturels, innocents en somme des fautes de leurs parents, elle leur a été trop favorable ; elle a assimilé aux enfants légitimes les bâtards reconnus, quant à leurs droits sur la succession du père et de la mère. Elle déconsidérait le mariage, lien civil désormais inutile et pesant ; elle encourageait les railleries contre ce qu'on appela la *faction des pères de famille*. Mais, en même temps, elle devient tout à coup rigoureuse à ces mêmes enfants naturels, en se rappelant les abus anciens provoqués par la maxime : *Creditur virgini*. — Elle leur refuse tout moyen d'établir une filiation non avouée par

---

[1]. Lettre au citoyen Desaulnays, du 7 juin 1793.

le père ; elle édicte la règle : *La recherche de la paternité est interdite.*

Et cette disposition reposait tellement sur une base solide, sur l'expérience, sur les vœux de la nation tout entière, sur les observations des jurisconsultes et des moralistes, que personne, depuis l'an II jusqu'en 1804, ne songea à faire entendre une protestation; cette règle fut reproduite identiquement dans les nombreux essais de Code civil qui se succédèrent pendant cette période.

La Constitution de 1791 avait dit : « Il sera fait un Code de lois civiles commun à tout le royaume. » Et, le 9 août 1793, le citoyen Cambacérès présentait à la Convention un premier projet, à propos duquel, avec l'enthousiasme et l'emphase qui caractérisent cette époque, et que nous retrouverons tout à l'heure dans le discours du tribun Duveyrier, il s'écriait : « Il faut, après avoir longtemps
» marché sur des ruines, élever le grand édifice
» de la législation civile, édifice simple dans sa
» structure, mais majestueux dans ses proportions,
» grand par sa simplicité même, et d'autant plus
» solide que, n'étant pas bâti sur le sable mouvant
» des systèmes, il s'élèvera sur la terre
» ferme des lois de la nature et sur le sol vierge
» de la République. » C'est dans ce projet que nous trouvons pour la première fois la formule : « La loi n'admet pas les recherches de la paternité non avouée. » (Titre IV : *Des enfants*, art. 12. Cet article ne comportait aucune exception.)

La Convention discuta, vota une partie de ce Code civil, et promulgua, le 12 brumaire an II (2 novembre 1793), la loi relative aux enfants naturels. Elle favorisait la situation de ceux qui étaient reconnus, en les assimilant aux enfants légitimes ; elle empirait celle des autres, en leur interdisant de rechercher leur filiation.

Mais la Convention n'était pas satisfaite du projet de Cambacérès, elle voulait un Code laconique qui ne posât que des principes. Le 23 fructidor an II (9 septembre 1794), Cambacérès présenta donc un deuxième projet en style lapidaire et par trop concis. Quand la Convention se sépara, elle en avait voté un certain nombre d'articles, entre autres l'article 10 du titre II : *De la paternité et de la filiation :* « La loi n'admet pas la recherche de la paternité non avouée. »

Survient le Directoire. Cambacérès, infatigable, présente un troisième projet au Conseil des Cinq-cents, le 24 prairial an IV. Mais le Consulat succède au Directoire. Jacqueminot, le 30 frimaire an VII, présente au nom de la section de législation des Cinq-Cents, un quatrième projet qui n'est pas discuté ; et, le 24 thermidor, Bonaparte nomme la commission chargée de rédiger un projet définitif.

Le titre VII : *De la paternité et de la filiation,* chapitre III : *Des enfants nés hors du mariage,* article 25, fut ainsi conçu : « La loi n'admet point la recherche de la paternité ; » et, article 34 : « Le

» ravisseur qui refuse de reconnaître l'enfant dont
» la naissance fait concourir l'époque de la concep-
» tion avec la durée du rapt, peut être condamné
» en des dommages et intérêts au profit de cet
» enfant, sans que celui-ci puisse prendre le nom
» du ravisseur, ni acquérir sur ses biens les
» droits d'enfant naturel. »

Cet article remarquable fait ressortir de la façon la plus nette l'intention des rédacteurs du Code : à la règle qui prohibe la recherche de la paternité, il n'y aura aucune exception possible, pas même en cas d'enlèvement. Cette disposition fut modifiée plus tard, mais nous verrons combien la dérogation fut renfermée dans des limites étroites.

Quant à la recherche de la maternité, elle est permise, car elle peut aboutir à un résultat certain ; la maternité se prouve ; elle résulte clairement de plusieurs faits qui se constatent : grossesse et accouchement de telle femme, identité de tel enfant avec celui dont elle est accouchée. — Mais cette recherche, autorisée, est rendue très difficile : l'enfant, à l'appui de sa prétention, doit apporter au moins un commencement de preuve par écrit ; or la plupart des filles séduites ne sortent pas des classes élevées de la société, et à cette époque surtout, l'instruction était peu répandue dans le peuple. Dans la grande majorité des cas, la mère ne sachant pas écrire, la preuve de la maternité elle-même était donc impossible.

Le tribunal de cassation, quand on lui communiqua ces dispositions, n'y fit aucune observation. Mais les discussions, les remaniements successifs vont nous indiquer de plus en plus la pensée qui a dicté la règle qui nous occupe.

Le Conseil d'État, le 26 brumaire an X (17 novembre 1801), discute la section II du chapitre III du titre : *De la paternité et de la filiation*, qui a déjà passé par les mains de la section de législation. Article 6 : « *La loi n'admet point la recherche de la paternité non avouée.* » (On voit que le numéro seul de notre article a changé.)

Cambacérès, dont les trois projets que nous avons mentionnés n'admettaient aucune exception à cette règle, veut ici en faire insérer, pour les cas où il se présente des circonstances aggravantes de la grossesse, telles que le viol, et le rapt. Tronchet s'y oppose en rappelant les abus de l'ancien régime, et déclare que, pour éviter tout retour à cette époque, le projet n'accorde que des dommages et intérêts en cas de viol ou de rapt, et dans ces deux cas seulement. — M. Defermon demande si on n'étendra pas à d'autres cas l'allocation de dommages et intérêts. — M. Boulay réplique que ce serait anéantir la règle elle-même que de donner tant de latitude aux exceptions. — M. Thibaudeau ajoute que M. Defermon présente le cas le plus favorable, celui de la faiblesse d'une fille bien née, mais que les exemples contraires sont les plus fréquents ; il ne faut pas exposer les gens de bien à devenir les victimes de la première prostituée; l'usage de cette action était autrefois scandaleux et arbitraire; les lois qui y ont mis un terme ont servi les mœurs. — Là-dessus on vote l'article, en réservant la question des exceptions, qu'on aborde aussitôt après.

Celui que l'on condamne à des dommages et intérêts, dit Cambacérès, doit être soumis aux devoirs de la paternité naturelle. — Le premier Consul riposte : Il y aurait alors une reconnaissance forcée, ce qui est contre les principes; on doit punir l'individu coupable de viol, mais ne pas aller plus loin ; si l'on pouvait prouver la paternité, il faudrait alors forcer le séducteur à épouser la mère, mais cette preuve est impossible. Le crime d'avoir démoralisé une fille doit être réparé par une condamnation pécuniaire, mais l'on ne doit pas attribuer au coupable un enfant dont il peut ne pas se croire le père. La société n'a pas intérêt à ce que les bâtards soient reconnus. — Le Conseil d'État adopte en principe qu'il n'y aura pas d'exceptions à la règle qui prohibe la recherche de la paternité. Même si la grossesse a été précédée d'une promesse de mariage, il n'y aura lieu qu'à la fixation de dommages et intérêts, car il est trop dur de faire de la grossesse un motif de contrainte au mariage.

Le 12 frimaire an X (3 décembre 1801), M. Boulay présente la seconde rédaction du projet sur la paternité et la filiation. L'article 27 exprime en termes clairs et précis l'opinion du Conseil d'État :

« La recherche de la paternité est interdite. Lors
» même que l'époque de la conception d'un enfant
» concourra avec des circonstances de rapt ou de
» viol, il n'y aura lieu qu'à des dommages-inté-
» rêts envers la mère. »

Cet article fut adopté sans discussion le 29 fructidor an X (16 septembre 1802).

Le lendemain eut lieu la communication officieuse à la section de législation du Tribunat. La section, après examen, propose une nouvelle rédaction encore plus affirmative : « La recherche de
» la paternité est interdite, quand bien même l'é-
» poque de la conception d'un enfant concourrait
» avec des circonstances de rapt ou de viol, qui
» donneraient lieu à des dommages-intérêts au
» profit de la mère. »

Mais voici où commencent les modifications : Bigot-Préameneu présente, le 13 brumaire an XI (4 nov. 1802) au Conseil d'État, d'après la conférence tenue avec le Tribunat tout entier, l'article 29 ainsi conçu : « La recherche de la paternité est
» interdite ; mais dans le cas d'enlèvement, lors-
» que l'époque de cet enlèvement se rapportera à
» celle de *l'accouchement,* le ravisseur *sera* sur la
» demande des parties intéressées, déclaré père
» de l'enfant. »

La discussion s'engage, à propos de l'exception proposée par le Tribunat sur le mot *sera*. MM. Cambacérès, Portalis, Emmery, et Boulay proposent et font adopter la rédaction : « *pourra* être déclaré père de l'enfant, » d'après l'avis même du Tribunat. Le Tribunat trouvait contradictoire qu'un individu fût réputé père de l'enfant, par rapport à la mère et à l'effet de lui payer des dommages et intérêts, et qu'il ne le fût plus par rapport à l'enfant lui-même; mais l'exception à l'article 29 n'a été proposée que comme facultative pour le juge; il serait dangereux d'accorder la déclaration de paternité sur la simple demande des parties : en effet le concours de l'époque de l'enlèvement avec celle de la conception n'est jamais certain, car il est impossible de fixer le moment précis de la conception. Le juge examinera donc, et la peine de l'enlèvement sera la recherche de la paternité.

Nous demandons pardon au lecteur de cette exposition un peu sèche, mais toutes ces discussions sont d'une importance capitale; elles démontrent avec évidence que l'article 340 ne comporte qu'une seule exception, qui ne s'est présentée d'ailleurs que dans des cas extrêmement rares devant les tribunaux. Elles prouvent de plus que l'article 340 se suffit à lui-même; qu'il règle spécialement et absolument une matière où l'article 1382 n'a rien à faire; on a prévu au Conseil d'État les hypothèses où des dommages et intérêts pourront être accordés à la mère ou à l'enfant; ces hypothèses excluent de la façon la plus complète la séduction simple, sans violence ni enlèvement. La question a été tranchée sur la demande de M. Defermon. Nous espérons avoir mis hors de doute l'esprit des rédacteurs de notre article 340, rédacteurs qui sont nombreux, on l'a vu : membres de la Commission, membres du Conseil d'État, membres du Tribunat, qui tous ont fini par se mettre d'accord. La jurisprudence que nous exposerons dans le cours de l'ouvrage, et qui alloue une indemnité à la fille séduite, viole donc manifestement la lettre et l'esprit de notre Code civil.

Nous avons présenté les phases successives par lesquelles est passé l'article 340, nous avons montré comment on est arrivé au texte définitif, comment on a prévu toutes les applications; il nous reste à voir les motifs qui le justifient.

L'exposé des motifs fut présenté au Corps législatif avec le titre : *De la paternité et de la filiation,* par Bigot-Préameneu, le 20 ventôse an XI (11 mars 1803). Nous en détachons le passage suivant :

« Depuis longtemps, dans l'Ancien Régime, un
» cri général s'était élevé contre les recherches
» de paternité. Elles exposaient les tribunaux
» aux débats les plus scandaleux, aux jugements
» les plus arbitraires, à la jurisprudence la plus
» variable. L'homme dont la conduite était la plus
» pure, celui même dont les cheveux avaient
» blanchi dans l'exercice de toutes les vertus, n'é-
» tait point à l'abri de l'attaque d'une femme
» impudente, ou d'enfants qui lui étaient étran-
» gers. Ce genre de calomnie laissait toujours des
» traces affligeantes. En un mot, les recherches

» de la paternité étaient regardées comme le
» fléau de la société.... »

La loi a donc consacré la règle si sage qui se trouvait déjà dans le premier projet de Code civil, elle a admis une exception unique : en cas d'enlèvement, le délit du ravisseur et la forte présomption qu'il est l'auteur de la grossesse de la femme, sont des motifs suffisants pour qu'il puisse, s'il n'a pas de moyens de défense valables, être déclaré père de l'enfant.

Si un homme est persuadé que tel enfant est le sien, s'il sent en lui le cœur d'un père, il a un moyen bien simple d'en remplir les devoirs : qu'il reconnaisse cet enfant.

Pour les enfants adultérins et incestueux, la reconnaissance volontaire et, à plus forte raison, la recherche de la filiation, n'aura jamais lieu. L'une serait l'aveu d'un crime, l'autre en serait la preuve.

La communication officielle au Tribunat eut lieu le 21 ventôse an XI (12 mars 1803), et Lahary fit le rapport au nom de la section de législation :

« Tribuns, disait-il, ce projet de loi a pour but
» d'assurer l'état et le repos des familles, de fixer
» l'une des bases fondamentales de l'édifice so-
» cial. Trop longtemps, il faut le dire, ces bases
» ont été violemment ébranlées; trop longtemps
» le vice et l'immoralité y ont porté de cruelles
» atteintes; trop longtemps enfin la législation
» elle-même, destinée à en garantir la stabilité,

» a malheureusement contribué à la miner sour-
» dement, en prêtant son appui à la fraude et à
» l'impudeur... pour tout dire enfin, en décer-
» nant aux enfants nés d'unions illégitimes tous
» les droits et les honneurs de la légitimité...

» Que de femmes impudentes osaient publier
» leur faiblesse, sous prétexte de recouvrer leur
» honneur! Combien d'intrigants, nés dans la
» condition la plus abjecte, avaient l'incroyable
» hardiesse de prétendre s'introduire dans les fa-
» milles les plus distinguées et surtout les plus
» opulentes! On peut consulter à cet égard le
» *Recueil des causes célèbres*, et l'on ne saura
» trop ce qui doit étonner davantage, ou de l'in-
» suffisance de nos lois sur cet important objet,
» ou de la témérité de ceux qui s'en faisaient un
» titre pour égarer la justice et troubler la so-
» ciété.

» Elle cessera enfin cette lutte scandaleuse et
» trop funeste aux mœurs : *La recherche de la*
» *paternité est interdite*....

» En proscrivant la recherche de la paternité,
» hors un seul cas, la loi prémunit la faiblesse et
» l'inexpérience contre les dangers de la séduc-
» tion et met un frein à la perversité des femmes
» flétries et déhontées. »

Bigot-Préameneu et Lahary ont insisté sur les abus qui exigeaient la réforme, sur les enseignements de l'expérience; laissons parler maintenant la rhétorique déclamatoire, mais expressive, du tribun Duveyrier qui, devant le Corps législatif, le 23 mars 1803 (2 germinal), s'appuie sur le raisonnement, sur les vérités fondamentales, universelles et de tous les temps qui s'opposent à la recherche de la paternité :

« ... Jusqu'à présent, vous avez vu la sagesse,
» se balançant sur elle-même, combiner ses règles
» et ses résultats par ses propres calculs, et, seu-
» lement attentive, pour l'utilité et la stabilité
» des institutions qu'elle prépare, à les coordon-
» ner avec la situation dans laquelle nous place
» la Providence, les habitudes du temps où nous
» vivons, les convenances du sol que nous habi-
» tons, l'expérience des autres siècles, l'exemple
» des autres peuples et les leçons plus imposantes
» encore de notre expérience personnelle et de
» nos propres exemples.

» Ici et sur l'objet que nous traitons aujour-
» d'hui, l'esprit de l'homme est forcé de s'élever
» même au-dessus des calculs de la raison et des
» méditations de la sagesse. La lutte est établie
» entre la faculté morale et la puissance physi-
» que. C'est la nature elle-même qu'il faut tou-
» jours combattre et quelquefois asservir, soit
» qu'il s'agisse de surmonter l'obstacle de son
» plus impénétrable mystère pour placer dans la
» société, sous un signe impérieux, mais incer-
» tain, l'enfant que la nature ne proclame jamais
» et que souvent elle désavoue, soit qu'on brave
» le charme magique de ses plus douces affec-

» tions pour rejeter de la société l'enfant privé du
» signe social et que la nature réclame avec plus
» d'autorité et de tendresse...

» La nature a vu reculer ses barrières et péné-
» trer ses secrets. Le génie a interrogé les mé-
» téores, mesuré les astres, décomposé les élé-
» ments, sondé les profondeurs de la terre et des
» mers ; le courage a franchi les sommités inac-
» cessibles, parcouru la plaine des eaux et l'es-
» pace des airs. L'homme, fier de ses facultés in-
» tellectuelles, se dit formé à l'image de Dieu ; et
» ce qu'il ne connaît pas encore, il aspire inces-
» samment et s'obstine à le connaître.

» Le secret de la paternité épouvante presque
» seul et tient enchaînées ses tentatives ambi-
» tieuses ; et les Aristote, comme les Alexandre,
» ne cherchent pas même, dans les lois mysté-
» rieuses de la reproduction des êtres, un moyen
» de discerner l'enfant auquel ils donnent le
» jour.... »

« C'est absolument le même principe qui a dé-
» montré la nécessité d'instituer le mariage, et
» qui démontre la nécessité, hors le mariage,
» d'interdire toute recherche de la paternité. La
» nature ayant dérobé ce mystère à la connais-
» sance de l'homme, à ses facultés morales et
» physiques, aux perceptions les plus subtiles de
» ses sens, comme aux recherches les plus pé-
» nétrantes de sa raison ; et le mariage étant éta-
» bli pour donner à la société, non pas la preuve

« matérielle, mais, à défaut de cette preuve, la
» présomption légale de la paternité, il est évident,
» lorsque le mariage n'existe pas, qu'il n'y a plus
» ni signe matériel, ni signe légal... La paternité
» reste ce qu'elle était, aux yeux de la loi comme
» aux yeux de l'homme, un mystère impénétra-
» ble, et il est en même temps injuste et insensé
» de vouloir qu'un homme soit convaincu malgré
» lui d'un fait dont la certitude n'est ni dans les
» combinaisons de la nature, ni dans les institu-
» tions de la société.

» C'est ainsi qu'en remontant à une vérité fon-
» damentale, nous arrivons naturellement et sans
» effort à cette règle première, à l'impossibilité
» de ces déclarations de paternité conjecturales et
» arbitraires, à la répression irrévocable de ces
» inquisitions scandaleuses qui, peu secourables
» pour l'enfant abandonné, portaient toujours la
» discorde dans les familles et le trouble dans
» l'ordre social....

» A côté d'une infortunée qui réclamait secours
» au nom et aux dépens de l'honneur, mille pros-
» tituées spéculaient sur la publicité de leurs
» désordres et mettaient à l'enchère la paternité
» dont elles disposaient. On cherchait un père à
» l'enfant que vingt pères pouvaient réclamer, et
» on le cherchait toujours, autant que possible,
» le plus vertueux, le plus honoré, le plus riche,
» *pour taxer le prix du silence au taux du*
» *scandale.* »

En résumé donc, les motifs impérieux qui ont fait admettre que la recherche de la paternité serait interdite, sont les suivants : les abus de l'Ancien Régime, la jurisprudence nécessairement variable, et par suite arbitraire, car telle fille séduite ne mérite pas l'intérêt dont une autre est digne, et dans les deux cas, les solutions données seront peut-être contradictoires, — ces débats scandaleux, ces calomnies, dont il reste toujours quelque chose, et par-dessus tout l'impossibilité d'arriver à une preuve certaine. N'y a-t-il plus aujourd'hui les mêmes raisons d'admettre notre maxime, les mêmes dangers à éviter, les mêmes difficultés à craindre ? Ce sont des questions que nous essaierons de résoudre en examinant plus loin le projet de loi présenté au Sénat, et nous verrons si les moyens imaginés permettront de parvenir à la fin qu'on se propose.

III

Jurisprudence conforme à l'article 340 sur la recherche de la paternité et les procès en dommages-intérêts pour cause de grossesse et de séduction. — Arrêts de la Cour de cassation. — Arrêts de Cours d'appel. — Unanimité de la première jurisprudence pour appliquer l'article 340 strictement.

C'est en l'an II, nous l'avons vu, que fut prohibée la recherche de la paternité ; la règle fut dès lors immuable, et la jurisprudence s'établit presque aussitôt d'une façon décisive et sans hésitation : l'unité de législation, la nouvelle organisation judiciaire, bienfaits de la Constituante, étaient autant de raisons pour que l'administration de la justice fût précise, éclairée et religieusement conforme à la loi.

Nous allons montrer à l'aide de quelques exemples et citations comment les tribunaux de cette époque entendaient leur mission. Déjà des adversaires cherchaient à attaquer la maxime que la recherche de la paternité naturelle est interdite, mais le magistrat n'ayant d'autres guides que sa conscience et la loi, appliquait celle-ci en pesant avec celle-là les motifs de sa décision.

Voici en première ligne un arrêt de la Cour de

cassation rendu le 5 pluviôse an III, un an environ après le vote de la loi du 12 brumaire an II, à la suite d'un procès gagné par la demanderesse en première instance et en appel, mais perdu en cassation :

La demoiselle Desforges avait cité le sieur Sprimont en justice pour obtenir de lui des frais de *gésine*, des dommages-intérêts et une pension pour l'enfant qu'elle prétendait être provenu des œuvres du sieur Sprimont.

Le sieur Sprimont soutint qu'il n'était pas le père de l'enfant et que la demoiselle Desforges ne pouvait même être admise à faire la preuve des faits qu'elle articulait, parce que cette enquête serait une recherche de paternité interdite par la loi du 12 brumaire an II.

Un jugement fit droit à la demande et condamna le sieur Sprimont. Ce dernier interjeta appel, le jugement fut confirmé.

Ce n'est que sur le pourvoi en cassation que les juges suprêmes appliquèrent la loi et rendirent l'arrêt suivant :

« La Cour...,
» Vu la loi du 12 brumaire an II, considé-
» rant que l'enfant né hors mariage ne peut
» avoir pour père que celui qui l'a reconnu
» volontairement ; que cette loi refuse à l'enfant
» naturel toute action qui tend à forcer un
» homme à reconnaître un enfant naturel qu'il
» croit ne pas lui appartenir ; qu'elle abolit toute

» recherche de paternité; que la paternité préten-
» due est le seul titre de l'enfant pour réclamer
» des aliments; que le but de la loi a été
» d'interdire la recherche de la paternité même
» quand elle n'a pour objet que de demander des
» aliments et des indemnités; que la décision qui
» a admis la demande formée par la demoiselle
» Desforges a violé la loi du 12 brumaire an II,
   » Par ces motifs, casse. »

Cet arrêt de la Cour de cassation est le premier qui ait été rendu sur cette question. On voit avec quelle clarté et quelle précision le principe qui interdit la recherche de la paternité est appliqué.

Arrêt de la Cour de cassation, du 9 vendémiaire an VII.

Affaire demoiselle Gallard contre le sieur Fouques.

« La Cour...,

» Attendu que dans l'état de la législation à
» l'époque de la demande, Fouques ne s'étant pas
» reconnu père de l'enfant né hors mariage de-
» vant l'officier de l'état civil, le juge n'a pu, sans
» violer l'article 11 de la loi de brumaire
» an II [1], ni admettre la fille Gallard à prouver

---

1. Loi de brumaire an II, art. 11 : « Néanmoins, et en cas de
» mort de la mère avant la promulgation du Code, la recon-
» naissance du père faite devant un officier public suffira pour
» constater à son égard l'état de l'enfant né hors du mariage
» et le rendre habile à lui succéder. »

Art. 12 : « Il en sera de même dans le cas où la mère serait

» le prétendu fait de paternité, ni fonder sur
» ce prétendu fait une condamnation,
» Par ces motifs, casse. »

Cet arrêt qui parle de l'*état de la législation* peut être éclairé et complété par un rapport du ministre de la justice adressé au Directoire et transmis au Conseil des Cinq-Cents [1] :

« On a exigé pour cette classe d'enfants dont les pères se trouveraient exister au moment de la publication de la loi, une reconnaissance faite devant un officier public. C'est dans les articles 11 et 12 que se trouve cette disposition… En y réfléchissant, en se rappelant que le législateur a voulu abolir la recherche de la paternité non avouée et fonder sur une reconnaissance positive les rapports des enfants naturels avec leurs parents, il est facile de voir que la loi du 12 brumaire a institué la formalité de la reconnaissance devant l'officier public pour les pères survivants. »

Arrêt de la Cour de cassation, du 19 vendémiaire an VII.

Affaire demoiselle Maton contre le sieur Garaud.

« La Cour…,
» Attendu que l'action en dommages-intérêts de
» la mère de l'enfant né hors mariage et l'action
» en déclaration de paternité désavouée repo-

« absente ou dans l'impossibilité de confirmer par son aveu la
» reconnaissance du père. »

1. Duvergier, IX, p. 361.

» sant sur le même fait indivisible, l'auteur
» de la grossesse, il est évident que, dans ce cas,
» la recherche de la paternité à l'égard de l'enfant
» né hors mariage n'est pas permise et l'action
» de la mère en dommages-intérêts est inter-
» dite,
   » Par ces motifs, casse. »

Arrêt de la Cour de cassation, du 3 ventôse an X.
   « La Cour....,
   » Considérant qu'aux termes des art. 8, 9,
» 11, 12 de la loi du 12 brumaire an II, l'en-
» fant d'une femme non mariée ne peut avoir
» pour père que celui qui l'a reconnu volon-
» tairement, que cette loi refuse toute action
» qui tend à forcer un homme à reconnaître un
» enfant naturel et qu'elle abolit toute recherche
» de paternité;
   » Considérant que la distinction entre l'action
» relative aux aliments et celle qui a pour but la
» recherche de la paternité ne peut être admise;
» que la paternité est indivisible, et que cette pa-
» ternité est le seul titre de l'enfant naturel pour
» réclamer des aliments;
   » Qu'en autorisant la procédure qui tend à la
» recherche de la paternité et à une preuve de
» paternité non avouée, le tribunal a excédé ses
» pouvoirs et violé la loi du 12 brumaire an II,
   » Par ces motifs, casse, etc.
       » *Président :* MALEVILLE.
              » *Rapporteur :* RUPEROU. »

Ces deux arrêts sont importants, car ils condamnent par avance les décisions d'une jurisprudence plus récente, qui croit pouvoir séparer deux choses indivisibles, l'action en dommages-intérêts de la fille séduite et la recherche de la paternité, et condamner un individu comme séducteur, comme auteur même de la grossesse, sans le déclarer père de l'enfant. Il faut encore remarquer, dans ce dernier arrêt, que la Cour était présidée par Maleville, un des rédacteurs du Code civil dont les travaux préparatoires étaient à cette époque (1802) très avancés. Qui nous indiquera mieux l'esprit de la loi qu'un de ceux qui l'ont faite et appliquée?

Arrêt de la Cour de cassation, du 26 mars 1806. Affaire demoiselle Linstruiseur contre le sieur Marthe.

« La Cour...,

» Attendu que toute recherche de paternité
» est abolie, non seulement par rapport aux
» droits successifs, mais encore relativement
» aux aliments pour l'enfant, aux frais de *gésine*
» et aux dommages-intérêts pour la mère, par la
» raison que la paternité étant indivisible, un
» homme ne peut être père pour un cas et ne pas
» l'être pour un autre cas; qu'en condamnant
» Marthe à des dommages-intérêts et aux frais
» de gésine, le tribunal a commis un excès de
» pouvoir et violé l'art. 340,

» Par ces motifs, casse, » etc.[1].

Cet arrêt est postérieur à la promulgation du Code civil tout entier, et c'est le même principe qu'il applique encore; il semble calqué sur le précédent.

Cette jurisprudence ainsi établie eut pour résultat de faire disparaître du rôle des audiences des tribunaux de France tous les procès en dommages-intérêts pour cause de séduction, de grossesse et en pension alimentaire pour les enfants naturels, procès qui étaient si féconds en scandales : on n'osait plus en intenter, sûr qu'on était d'avance d'être repoussé d'emblée par une barrière infranchissable, l'article 340, à tel point que, de 1814 à 1845, époque à laquelle un revirement se fit, les recueils de jurisprudence en signalent à peine quelques-uns, et encore n'allaient-ils pas en cassation.

Peut-on croire que la dépravation des mœurs ait augmenté après 1804, parce que la recherche de la paternité était interdite ? Nullement. Si les mœurs sont devenues plus dissolues, ce qui est encore discutable, la faute n'en est pas à l'article 340, qui a eu pour effet de couper court à tous les scandales, au chantage, dont on s'était si vivement plaint au siècle précédent.

Pour retrouver des arrêts sur la matière, appli-

---

[1]. Dans le même sens : arrêts de cassation 10 mars 1808 ; — 14 mai 1810 ; — 14 mai 1814.

quant l'art. 340 et rejetant les demandes en dommages-intérêts et en pension alimentaire, il faut arriver à 1853.

Après 1814, voici ce qui s'était passé : les détracteurs de l'art. 340, voyant que les procès en *séduction* se heurtaient de front à ce principe que la recherche de la paternité était interdite, essayèrent de prendre un biais pour arriver, en contournant l'art. 340, à obtenir qu'on admît les choses en écartant les mots.

« Il est vrai, dirent-ils, que la recherche de la paternité est interdite ; mais en demandant des dommages-intérêts, des aliments pour l'enfant, nous ne faisons qu'exciper de l'article 1382 du Code civil, dont le sens est général et s'applique à tous les cas dans lesquels il y a eu dommage souffert, préjudice éprouvé : de plus, lorsqu'il y a eu promesse de mariage, inexécution de cette promesse, nous excipons des art. 1142-1149 du Code civil, mais notre intention n'est pas d'arriver à une recherche déguisée et détournée de la paternité, et si nous approuvons cette jurisprudence, c'est qu'elle frappe le séducteur, cause d'un dommage, coupable d'un quasi-délit, presque d'un délit. »

Captivée par ces arguments spécieux, la jurisprudence admit, vers 1845, ce système habile, sinon légal, et se donna libre carrière pendant dix ans. C'est vers 1853 que, pour ramener la justice dans le droit chemin, les tribunaux et les cours, justement émus des incriminations de nombreux jurisconsultes, rendirent plusieurs décisions qui condamnent spécialement ce système inauguré en 1845, qui conduit à une recherche déguisée et détournée de la paternité.

Nous avons montré comment la jurisprudence suivie jusqu'en 1814 avait été abandonnée. C'est en 1845 que nous relevons la première décision de la Cour de cassation dans un sens tout opposé à celui qui avait été suivi jusque-là. Nous allons maintenant étudier cette jurisprudence.

IV

Jurisprudence qui admet les demandes en dommages-intérêts pour cause de grossesse et séduction. — Arrêts de la Cour de cassation. — Arrêts de Cours d'appel. — Réfutation. — Jurisprudence réactive conforme à l'article 340 et repoussant les demandes en dommages-intérêts pour cause de grossesse et séduction. — Opinion de M. Bertauld sur la jurisprudence qui admet les demandes en dommages-intérêts.

Nous arrivons à la partie la plus intéressante de notre travail, et si nous n'y sommes pas entrés dès l'abord, c'est qu'il était utile, pour comprendre notre système, le juger, et l'admettre, comme nous l'espérons, de remonter en arrière et d'examiner les raisons qui avaient fait adopter l'article 340, de relater la jurisprudence qui avait suivi la promulgation du Code, avant de toucher à la jurisprudence contemporaine qui a amené quelques sénateurs à déposer un projet de loi que nous discuterons plus loin.

Cette partie de notre ouvrage est, avons-nous dit, la plus intéressante, car elle s'attache à des faits et à des décisions qui ont un caractère d'actualité; mais c'est aussi la plus délicate et la plus difficile à discuter. Nous concentrerons tous nos efforts pour repousser cette jurisprudence contemporaine qui, par un curieux, mais déplorable retour vers les idées du temps passé, semble calquée sur celle des Parlements de 1620 et 1660.

De la jurisprudence actuelle, nos adversaires se font une arme qu'ils croient solide et prétendent triompher. Qu'ils ne s'abusent pas ; la jurisprudence n'est que l'opinion de quelques-uns et partout variable suivant les Cours et suivant les cas, et s'ils ont des décisions favorables à leur opinion, nous en avons qui valent les leurs, et qui sont d'un avis tout à fait opposé ; si la Cour suprême a, dans un jour de regrettable distraction, consacré une opinion contraire au texte de la loi, toute suprême qu'elle est, nous essaierons de réfuter le système qu'elle a admis. Mais nous n'avons pas besoin d'invoquer la jurisprudence qui favorise notre système, nous voulons avant tout et surtout être juridiques, et c'est la loi en main et avec impartialité que nous combattrons ; si nous citons les arrêts favorables à notre système, ce n'est que pour montrer de quelle façon l'art. 340 doit être appliqué. Comparez les deux jurisprudences, celle qui admet la séduction, qui condamne à des dommages-intérêts, et celle qui refuse toute action, et jugez : c'est vous, lecteur, que nous prenons comme juge suprême.

Nous commencerons par l'arrêt de la Cour de cassation du 21 mars 1845, qui a admis que :

« L'inexécution d'une promesse de mariage

» peut donner lieu à des dommages-intérêts, s'il
» en est résulté un préjudice réel (art. 1142).

» Et ce préjudice peut résulter de la grossesse
» de la fille, lorsqu'il est établi soit par les cir-
» constances, soit par l'aveu de celui qui avait
» fait la promesse, que cette grossesse est son ou-
» vrage. — Ce n'est pas là admettre la recherche
» de la paternité. »

Voici dans quelles circonstances cet arrêt a été rendu :

Le sieur L... fréquentait assidûment la maison du sieur B...; bientôt la demoiselle B..., fille mineure de ce dernier, devint grosse, et peu après son accouchement, le sieur L... partit, écrivant au sieur B... une lettre dans laquelle il se reconnaissait l'auteur de la grossesse et promettait de réparer ses torts.

Le sieur B... assigna M. L... devant le tribunal de Castelsarrazin afin de s'y voir condamner à opter entre l'exécution de ses promesses et la réparation du préjudice qu'il avait causé.

Voici le jugement que rendit le tribunal de Castelsarrazin :

« Attendu en droit que si l'art. 1142 du Code
» civil porte que l'obligation de faire ou de ne pas
» faire se résout en dommages-intérêts, ce prin-
» cipe n'est applicable qu'aux cas ordinaires, mais
» ne saurait s'étendre à l'inexécution d'une pro-
» messe de mariage, si d'ailleurs il n'y avait au-
» cun préjudice causé;

» Attendu que non seulement la fille B... a été
» délaissée par le sieur L... après que celui-ci lui
» eut promis de l'épouser; mais encore que cette
» fille a été par suite des fréquentations assidues
» du sieur L... rendue mère, et par ce seul fait,
» a éprouvé un dommage dans son honneur par
» le refus obstiné de L... de le réparer ;

» Attendu que l'art. 1382 est ici applicable. At-
» tendu qu'il ne s'agit pas de la question d'état de
» l'enfant dont est accouchée la fille B...; mais
» seulement d'un préjudice dont L... s'est reconnu
» l'auteur,

» Par ces motifs :

» Condamne L..... à payer à la fille B.....
» 3000 francs de dommages-intérêts. »

Appel par le sieur L...

Confirmation par adoption de motifs.

Pourvoi en cassation.

Arrêt de la Cour de cassation du 24 mars 1845 qui rejette le pourvoi :

» La Cour...,

» Attendu qu'il ne s'agissait pas devant la
» Cour de rechercher quel était le père de l'en-
» fant dont la demoiselle B... est accouchée; que
» l'enfant, étranger au débat, ne peut, en aucun
» cas, ni souffrir ni profiter de la décision inter-
» venue, que l'unique question est celle du pré-
» judice causé à la demoiselle B... par le sieur L...;

» Attendu qu'il est constaté par l'arrêt que le
» sieur L... a abandonné la fille B... après l'avoir

» séduite ; qu'il est la seule et unique cause du
» dommage qu'elle éprouve; que c'est avec raison
» que l'arrêt attaqué a fait application de l'article 1382 du Code civil ;

» Par ces motifs,

» Rejette. »

Nous ne contesterons pas la réalité des faits : il était vrai que L... était bien l'auteur de la grossesse ; mais ce que nous contestons, c'est la décision de la Cour de cassation qui a jugé en fait et non en droit. La Cour, sans motifs sérieux, constate la filiation de l'enfant tout en disant qu'elle ne le fait pas, fait une fausse et abusive application de l'art. 1382, et viole l'art. 340.

En effet, pour justifier la demande en dommages-intérêts, il n'était allégué aucun fait de séduction, aucune fraude, aucune contrainte morale ayant déterminé les relations intimes : c'est donc de son plein gré que la fille B... s'était donnée à L..., c'est à tort que l'arrêt dit que L... était l'*unique* cause du dommage souffert par la fille B... Celle-ci a apporté un concours égal à celui de L... dans l'acte de la grossesse.

La promesse de mariage invoquée à l'appui de la demande n'avait pas été la cause déterminante des relations, puisque le jugement constate que cette promesse n'a été faite qu'après l'accouchement. On allègue l'abandon, on fournit une lettre émanant de L... et dans laquelle il se reconnaît l'auteur de la grossesse ; mais, les juges n'auraient pas dû admettre cette preuve ; car la recherche de la paternité est interdite.

A supposer même que cette lettre pût être considérée comme un aveu, comme une reconnaissance, elle n'était pas suffisante, car la filiation d'un enfant naturel et sa reconnaissance ne peuvent être prouvées que par actes authentiques.

Le tribunal a condamné, sans avoir égard au consentement donné par la fille B... dans ses rapports avec L..., à l'imprudence et l'imprévoyance de la famille qui avait trop souffert les assiduités de L... Donc on ne peut voir là un préjudice sérieusement établi et motivant l'application de l'art. 1382. Et ce préjudice fût-il établi, l'art. 1382 n'en serait pas plus applicable, parce que l'art. 340 s'y oppose, comme l'art. 334.

En effet le jugement et l'arrêt de cassation constatent l'existence d'un enfant naturel non reconnu et issu des relations de la fille B... et du sieur L... Le fait seul de parler de l'enfant est une violation de l'art. 340 qui interdit la recherche et la preuve de la paternité.

L'arrêt de cassation dit que l'enfant est étranger au débat et qu'il ne pourra jamais *ni souffrir ni profiter* du jugement.

L'enfant, loin de *souffrir* des termes du jugement et de l'arrêt, en *profite* au contraire : car ce jugement est pour lui un acte de naissance, une preuve authentique de la filiation et de la reconnaissance par le père. La reconnaissance n'était établie que par un acte sous signature privée, une lettre ; cette reconnaissance est dès lors établie par un jugement *(acte authentique)*. Il pourra donc, à l'aide de ce jugement, réclamer des aliments à son père, le poursuivre et même prétendre un droit dans sa succession.

Les art. 334 et 340 sont violés parce que le jugement a admis que la preuve de la paternité pouvait résulter, en l'absence d'un acte authentique, des circonstances de la cause et de l'aveu du père prétendu, contrairement au principe qui interdit la recherche de la paternité. La loi, en l'introduisant, n'a fait aucune distinction relativement au but dans lequel cette recherche serait faite ; sa disposition est générale et elle doit l'être, car il est évident qu'il y aurait autant d'inconvénients et de scandale à permettre la recherche de la paternité dans l'intérêt de la mère qui prétendrait à des dommages-intérêts, qu'à la permettre dans l'intérêt de l'enfant qui prétendrait à un état que lui refuse son acte de naissance.

Il y a fausse application de l'art. 1382, car pour qu'il s'applique il est nécessaire qu'il y ait *faute ;* or, dans l'espèce, la faute ne peut résulter que de *dol* ou *violence* physique ou morale, et ces deux arguments n'étaient pas invoqués, le seul fait de grossesse, conséquence d'une fornication *volontaire,* ne peut permettre d'appliquer l'art. 1382.

Arrêt de la Cour de Bordeaux, 5 janvier 1848.

« La Cour...,

» Attendu que d'après l'art. 334 la reconnais-
» sance d'un enfant naturel ne peut être faite que
» par acte authentique, lorsqu'elle ne l'a pas été
» dans son acte de naissance;

» Qu'aux termes de l'art. 340 la recherche de
» paternité est interdite et ce serait aller à l'en-
» contre de la loi que de puiser dans des écrits
» privés la preuve qu'un individu s'est reconnu
» le père d'un enfant naturel pour le déclarer
» judiciairement;

» Mais attendu que C... a pris l'engagement
» dans des lettres adressées à la fille M,.. de
» payer une pension à son enfant le jeune Louis-
» Stanislas ;

» Par ces motifs,

» Condamne C... à payer... »

Pour comprendre cet arrêt, il faut dire que la fille M... à l'aide des lettres dont il est parlé à la fin de l'arrêt, avait demandé que le sieur C... fût déclaré père de l'enfant qu'elle avait eu: elle prétendait faire sanctionner la reconnaissance de cet enfant comme résultant des lettres produites.

La Cour a rejeté la demande comme contraire à l'article 334 et à l'art 340; mais elle a accueilli la seconde partie de cette demande, tendant à faire condamner C... à payer une pension à l'enfant, et elle a cru respecter l'art. 340. C'est là qu'est son erreur! L'interdiction de la recherche de la paternité s'applique à tous les cas où la cause de la demande dérive de la paternité.

Pour qu'une obligation naturelle puisse servir de cause valable à une obligation civile, il faut que cette obligation soit prouvée et non contestée par celui auquel on l'oppose : or la preuve de l'obligation naturelle qu'on invoquait est justement la paternité, et la recherche de la paternité est interdite. L'obligation de C... était donc juridiquement sans force, faute de cause, d'autant plus qu'il répudiait alors sa paternité devant la justice.

On avait aussi tiré argument de ce que l'article 762 accorde des aliments aux enfants adultérins et incestueux, disant qu'il serait injuste que la loi n'en accordât pas aux enfants naturels simples.

Cet argument n'est pas exact : quand la loi accorde des aliments aux enfants adultérins et incestueux, c'est lorsque par la force des choses, par jugements criminels, la preuve de la filiation adultérine ou incestueuse est acquise à la justice.

Arrêt de la Cour de Caen, du 10 juin 1850.

« La Cour...,

» Considérant que la réparation du préjudice
» causé doit, en principe, s'appliquer à toute es-
» pèce de préjudice, quel qu'il soit, pourvu qu'il
» soit *appréciable en argent*...; Qu'elle doit com-

» prendre tout à la fois et les pertes matérielles
» actuellement réalisées et celles qui seront la
» conséquence nécessaire du tort fait à la répu-
» tation, telles que l'impossibilité de se procurer
» un établissement...; qu'elle doit comprendre
» notamment la *grossesse et l'accouchement* de la
» fille délaissée, et qui non seulement la livrent à
» tous les inconvénients à venir de son hon-
» neur perdu, mais encore sont dès à présent
» une cause de dépense; que ce fait de grossesse
» ne doit sans doute être pris en considération
» qu'avec une grande réserve, qu'il ne peut ja-
» mais, ni servir *de prétexte à une recherche de*
» *paternité formellement interdite par l'art.* 340,
» ni attribuer à l'enfant qui n'a pas été reconnu
» conformément à l'art. 334, aucune espèce de
» droit contre l'homme auquel on l'impute, mais
» qu'il constitue nécessairement, s'il demeure
» bien constant, l'un des éléments du dommage
» dont la mère doit obtenir l'indemnité... »

Cet arrêt se réfute lui-même; il nous apprend expressément que l'art. 1382 ne prévoit que des dommages appréciables en argent; il est donc obligé dans son estimation d'écarter le préjudice moral; comme préjudice matériel, il reste uniquement les dépenses causées par la grossesse; mais condamner l'auteur de la grossesse, c'est le déclarer en même temps père de l'enfant; il y a là deux faits indivisibles, et les rédacteurs eux-mêmes de cet arrêt sentent qu'on peut leur opposer l'art. 340. Ils se tirent à bon marché de l'objection, en disant qu'ils ne prennent en considération le fait de grossesse qu'avec une grande réserve.

Arrêt de la Cour de Montpellier, 10 *mai* 1851.
« Considérant en fait que le sieur S... s'était
» lié envers la demoiselle M... par une promesse
» de mariage; que cette promesse est authenti-
» quement constatée par le contrat de mariage
» passé devant M° Malaval, notaire;

» Considérant qu'il est établi par les circons-
» tances de la cause que des relations intimes ont
» existé entre S... et sa fiancée, et ont été amenées
» par la promesse de mariage faite par S...;

» Considérant que la demoiselle M..., devenue
» enceinte, a mis au monde, le 12 février 1849,
» une fille; — considérant que la demoiselle M...
» soutient que sa grossesse est l'œuvre de S..., et
» que celui-ci, en la délaissant, lui a inféré un
» grave préjudice;

» Considérant que la preuve admise par le ju-
» gement attaqué, quels qu'en soient les termes,
» a pour objet d'établir que le sieur S... a re-
» connu lui-même la réalité de ce préjudice qu'il
» avait fixé à 1,200 fr.;

» Considérant que cette reconnaissance, pro-
» cédant d'un fait qui constituerait un quasi-
» délit, peut être prouvée par témoins;

» Considérant qu'il ne s'agit nullement de re-

» chercher si le sieur S... est le père de l'enfant
» dont la demoiselle M... est accouchée le 12 fé-
» vrier 1849 ;

» Que la demoiselle M... demande uniquement
» à prouver, par voie d'induction, que sa gros-
» sesse était l'œuvre du sieur S... ;

» Que cette demande a pour but, non de cons-
» tater l'état civil de l'enfant, mais d'obtenir con-
» damnation du sieur S... à la réparation d'un
» préjudice qui lui était imputable;

» Par ces motifs,

» Condamne S... à payer, etc. »

Dans cette affaire, la demoiselle M... demandait des dommages-intérêts pour cause d'inexécution de promesse de mariage. Il résulte de cet arrêt qu'il serait admis qu'une femme pourrait prouver que celui qui lui a fait une promesse de mariage restée inexécutée et suivie de grossesse est l'auteur de la grossesse et le père de l'enfant non reconnu dont elle est accouchée. Cet arrêt de Cour d'appel a autorisé là encore une recherche de paternité. L'arrêt dit que le but de la demande n'est pas de faire constater la filiation de l'enfant, mais d'obtenir des dommages-intérêts.—L'art. 340, répétons-nous, ne distingue pas, pour prohiber la recherche de la paternité, quel est le but de la demande. De plus, cet arrêt constate d'une façon bien plus précise que les autres décisions sur la matière, la filiation de l'enfant, puisqu'il donne le nom du père, le nom de la mère, le sexe de l'enfant, la date de sa naissance; il rend authentique, contrairement à l'article 334, la reconnaissance sous seing privé faite par le père.

En ce qui concerne cette somme de 1,200 fr. que le sieur S... se serait engagé à payer à la fille M..., nous pensons qu'il y a là cause illicite, et vu même la modicité de la réclamation de la fille soi-disant séduite, on peut se demander si la Cour a voulu indemniser la fille M... de la perte de sa virginité, estimée seulement 1,200 fr., ce qui est peu, ou si elle a voulu contraindre S... à payer à la fille M... le prix de ses faveurs 1,200 fr., ce qui est beaucoup.

Cet arrêt reconnaît un effet aux promesses de mariage, au *contrat* qui précède la célébration et qui, d'après les principes du droit, ne peut avoir aucun effet, aucune valeur ni pour, ni contre l'un des deux futurs lorsqu'il n'est pas suivi du mariage.

Arrêt de la Cour de Bordeaux, 23 *novembre* 1852.

« Attendu que lorsque, à un fait de *séduction*
» certain, incontestable, avoué, vient se joindre le
» fait également certain d'une *promesse de ma-*
» *riage* employée comme moyen de séduction
» ayant agi avec efficacité et amené la *faute* et la
» grossesse, il peut y avoir lieu, suivant les cas
» et en procédant avec une grande réserve, à im-
» poser une réparation à celui qui, par de sem-

» blables moyens, aurait occasionné un pareil
» dommage ;

» Qu'il serait contraire à toute justice que le
» séducteur habile et persévérant qui, à l'aide
» d'une promesse de mariage réitérée et rendue
» croyable, serait parvenu à triompher d'une fille
» jusqu'alors *honnête* et à la perdre, pour ensuite
» l'abandonner dans sa honte et dans son mal-
» heur, et laisser à sa charge tous les inconvé-
» nients et toutes les misères résultant d'une
» faute commune... »

Par ces motifs, la Cour de Bordeaux condamna le séducteur à payer à la fille L... 500 fr.

La Cour, qui parle de l'honnêteté d'une fille qui n'attend pas le mariage pour se donner, avoue qu'il y a eu faute, « *la faute et la grossesse, — une faute commune* ». Eh bien! est-on admis à invoquer une faute commune contre un complice? car les considérants n'indiquent pas d'autre dommage, et s'il est permis de citer le Digeste à propos d'une question moderne, c'est une règle admise encore aujourd'hui, parce qu'elle est bien naturelle, qu'on ne peut se plaindre d'un dommage auquel on a contribué par sa faute : *quod quis, ex culpâ suâ damnum sentit non intelligitur damnum sentire.* » (L. 203, *De regulis juris.*)

Arrêt de la Cour de Douai, du 3 décembre 1853.

« La Cour...,

» Considérant que toute promesse de mariage est

» nulle comme portant atteinte à la liberté illimi-
» tée qui doit exister dans les mariages, son inexé-
» cution ne peut donner lieu à des dommages-in-
» térêts qu'autant qu'elle a causé un préjudice;

» Mais que si l'acte qui renferme une telle pro-
» messe contient en même temps l'aveu d'un tort
» causé à la femme, par exemple, par suite d'une
» grossesse, et en outre la promesse de réparer ce
» tort, il y a dans cette promesse une cause ci-
» vile d'obligation, pouvant donner lieu à une
» condamnation à des dommages-intérêts... »

La jurisprudence est fixée sur le point d'admettre qu'une promesse de mariage peut donner lieu en cas d'inexécution à des dommages-intérêts, lorsque le préjudice est matériel, et par *matériel* on entend les *dépenses* faites en vue du mariage. Nous trouvons que c'est déjà aller bien loin, quoique la preuve du préjudice résultant de dépenses faites en vue du mariage n'ait rien d'attentatoire à la morale et à l'ordre public ; mais cette jurisprudence ne nous inquiète pas tant que l'arrêt de la Cour de Douai, qui admet qu'une *grossesse* peut être rangée parmi ces préjudices, car dans l'espèce jugée par l'arrêt ci-dessus il est touché à des questions de recherche et de preuve de paternité qui sont délicates. Admettre l'*aveu sous seing privé* fait par l'auteur d'une grossesse, c'est admettre la preuve, la recherche de la paternité et donner à une promesse de mariage une valeur que la loi ne veut pas lui donner.

Arrêt de la Cour de Dijon, du 16 avril 1861.

« La Cour...,

» Considérant que là où il n'y a ni crime, ni dé-
» lit aux termes de la loi pénale, il peut néan-
» moins y avoir lieu à réparation civile du dom-
» mage causé par celui contre lequel la répara-
» tion est demandée, que c'est un des cas ordinai-
» res de l'art. 1382 ;

» Considérant que G... a exercé sur la fille B...
» une contrainte morale exclusive d'un consente-
» ment intelligent et d'un entraînement volon-
» taire ;

» Considérant que la demande de 5000 francs
» n'est pas exagérée eu égard au dénûment de la
» fille B... et à la charge de l'enfant dont elle est
» devenue mère, et au préjudice moral résultant
» de la conduite de G...;

» Par ces motifs,

» Confirme le jugement. »

Cet arrêt s'appuie uniquement sur l'art. 1382 comme le suivant; nous les discuterons ensemble.

Arrêt de la Cour de Colmar (31 décembre 1863).

Le sieur C... avait rencontré la fille L..., il la rechercha et lui promit de l'épouser : elle devint mère deux fois ; quatre ans après, les relations duraient toujours, le sieur C... était sur le point d'épouser une autre femme. La fille L... traduisit son amant devant le tribunal de Schelestadt pour le faire condamner à lui payer une somme d'argent, tant à titre de dommages-intérêts que pour frais de couches et d'entretien d'enfants.

Le sieur C... répondit par une articulation de faits tendant à prouver :

Qu'elle avait eu avec un sieur L... et avec d'autres individus des relations avant d'en avoir avec lui, et qu'elle recevait nuitamment des individus, notamment à une époque coïncidant avec celle de la conception de son premier enfant; et qu'elle acceptait des hommes qui venaient chez elle de l'argent et des cadeaux.

Le tribunal rejeta la demande d'enquête du sieur C... en considérant que si le fait unique de relations illicites ne suffit pas pour donner lieu à une action en dommages-intérêts, il n'en est pas de même quand il y a tout à la fois promesse de mariage et séduction ;

« Que ces deux éléments donnent à la promesse un caractère dolosif et en font un véritable quasi-délit tombant sous l'application de l'art. 1382 ;

» Considérant que les faits articulés par le sieur C..., *s'ils étaient prouvés*, ne détruiraient pas la vérité des griefs de la demanderesse qui se trouvent parfaitement justifiés par une correspondance non interrompue de 1851 à 1859, dans laquelle le sieur C... s'est engagé à payer les frais d'accouchement et d'entretien de l'enfant... »

La Cour de Colmar, par adoption de motifs, confirma le jugement qui avait condamné C... à payer à la fille L... 3000 francs de dommages-intérêts et les frais d'entretien de l'enfant.

Cet arrêt en revient absolument aux funestes errements de l'ancienne jurisprudence ; il admet une fille accusée d'avoir plusieurs amants à choisir parmi eux celui à qui elle attribue son enfant, celui qui est déclaré père, car il doit acquitter les frais d'entretien.

C'est cet homme qui paie pour tous les autres, qui est poursuivi et condamné par une vengeance de sa maîtresse, au moment où il va se marier, et qui répare un dommage que peut-être il n'a pas causé, car il prétend que la fille L... a eu des relations avec d'autres personnes avant l'époque de la séduction qu'on lui reproche. Le seul tort dont on puisse le convaincre est celui qui résulte de l'inexécution de la promesse de mariage, promesse nulle et sans effet, nous l'avons déjà dit, et l'on ne voit pas au procès quel dommage matériel est résulté de cette inexécution. L'arrêt ne pouvait donc appliquer ni l'art. 1382, ni l'art. 1142, et il a violé l'art. 340 d'une façon particulièrement grave en déclarant une paternité qui n'était même pas certaine.

Arrêt de cassation, 26 *juillet* 1864.

Voici un arrêt de cassation du 26 juillet 1864 rejetant un pourvoi contre un arrêt de la Cour de Caen, du 10 juin 1862, qui confirmait lui-même et aggravait un jugement du tribunal de Vire du 11 juillet 1861.

L'affaire avait eu un grand retentissement.

« Attendu... que l'arrêt a pu dire que L... avait
» reconnu positivement le tort causé par lui à la
» fille G..., et pris l'engagement formel de le ré-
» parer ; qu'un pareil engagement, ayant pour
» cause un quasi-délit, était licite, et que la jus-
» tice devait en ordonner l'exécution ;

» ...Attendu que l'arrêt attaqué, loin d'autori-
» ser la recherche d'une paternité adultérine, a
» déclaré formellement, au contraire, que cette re-
» cherche serait positivement prohibée par la loi ;
» qu'il n'a fondé la condamnation prononcée que
» sur le préjudice causé à la fille G... par le fait
» de L..., et sur l'engagement pris par lui de le ré-
» parer ; que considérant cette clause d'obligation
» comme fondée sur l'art. 1382 C. Nap., il a dé-
» claré qu'on ne devait pas la chercher dans des
» suppositions qui la rendraient nulle comme con-
» traire aux lois et aux bonnes mœurs ; d'où il
» suit que le dit arrêt n'a violé ni les art. 334,
» 335, 340 C. Nap., ni aucune autre loi ;

» Par ces motifs,

» Rejette. »

On nous permettra de trouver ces motifs étran-
ges. Ainsi voilà un arrêt d'une Cour d'appel qui
n'a pas violé la loi, non point parce qu'il n'a pas
fait telle ou telle chose ; mais parce qu'il a simplement déclaré qu'il ne la faisait pas. Il l'a déclaré. Je le crois bien ! Y a-t-il un tribunal qui
oserait dire : Je décide de cette façon et je viole la

loi ? Mais tous les arrêts seront bons si la Cour de cassation apprécie les mots et non les choses, s'arrête aux paroles sans examiner les actes, et se repose sur les juges du fait du soin de voir et de dire s'ils ont appliqué la loi !

La Cour d'appel a proclamé que le séducteur L..., homme marié, était le seul auteur du *tort* causé à la fille G.., il l'a condamné à payer à cette fille une somme, et à chacun de ses six enfants une pension : il suffit d'en appeler au simple bon sens, sans se payer de mots et de subtilités, pour que chacun dise: S'il y a un *tort* dont six enfants sont résultés et dont on a recherché et trouvé l'auteur, il est évident que l'auteur du tort est aussi l'auteur des enfants; en déclarant sa culpabilité, on a déclaré sa paternité; mais cet homme était marié, donc les enfants sont le fruit d'un adultère.

Et l'on viendra nous dire: « Il n'y a pas ici de reconnaissance, car on n'a produit au procès aucun acte authentique, donc je déclare qu'il n'y a pas reconnaissance forcée pour le père, et je ne viole pas l'art. 334; je ne dis pas expressément que L... est le père des enfants, car ce serait constater une filiation adultérine, et cette recherche serait positivement prohibée ; je dis que L... est l'auteur d'un préjudice, et je ne parle que de ce préjudice; je n'en condamne pas moins L... à entretenir les enfants. S'il saute aux yeux du public qu'il est le père, ce n'est point ma faute, car j'ai pris soin de déclarer que je ne cherchais point la paternité, ce qui est prohibé non moins positivement et formellement ; donc je ne viole pas l'art. 340. »

Que répondre à ces allégations ?

Si la violation de la loi est flagrante, c'est que le tribunal de première instance avait jugé en fait, la Cour d'appel avait jugé en fait, la Cour de cassation avait jugé en fait et non en droit, et ce sont les circonstances de fait qui expliquent et justifient les trois décisions de la justice :

L... était riche, marié et père d'enfants légitimes, considéré, maire de la ville de C... ; la fille G..., fille du boulanger de la maison L..., où elle portait le pain, avait quinze ans ; L... avait dix-huit à vingt ans de plus ; il abusa de sa position pour séduire cette jeune fille, « elle était pure et sans expérience, » a-t-il dit lui-même dans des lettres, « ce fut un sublime sacrifice ». Quand elle fut sur le point de devenir mère, elle fut, pour sauver la réputation du séducteur, entraînée à Paris, où elle fut entourée de tous les soins, et, comme à C..., de toutes les séductions que peut fournir l'abus d'une grande fortune ; six enfants naquirent successivement ; plusieurs fois, la fille G... voulut revenir à des sentiments honnêtes, mais elle avait été empêchée de se livrer à aucun travail, elle n'avait pu prendre aucune profession, elle fut retenue par l'idée de la misère qui l'attendait elle et ses six enfants. Enfin, c'est au bout de vingt ans qu'elle poursuivit L... devant le tribunal de Vire, en vertu de l'art. 1382, en réclamant 100,000 fr. à titre d'indemnité ; le jugement flétrissant les manœuvres et la conduite de L... et pesant toutes les circonstances de fait, dans l'intérêt de la société, dans celui de la victime séduite, dans celui même de L..., « qui a témoigné assez d'intérêt aux enfants de la fille G..., et ce témoignage s'est produit, il faut le reconnaître, d'une manière convenable et intelligente » (on se garderait bien de dire que cet intérêt, L... l'avait témoigné comme père), le jugement accorda à la fille G... une somme de 2,000 fr. et une rente viagère et annuelle de 500 fr., plus, pour chacun des enfants, une pension de 500 fr. jusqu'à la dix-huitième année, et à compter de la dix-huitième année, une rente annuelle et viagère de 250 fr.

Appel des deux parties.

M. Bertauld présenta, pour le sieur L..., un mémoire auquel MM. Mathieu, Berryer, Sénard, Dufaure, Th. Bac et Feuguerolles avaient donné leur adhésion motivée. Néanmoins, l'arrêt du 10 juin 1862 non seulement confirma le jugement du tribunal de première instance, mais éleva l'indemnité de la fille G... de 2,000 à 4,000 fr.

La demande de la fille G... devait être repoussée, soit en vertu du principe qui refuse tout effet à l'obligation sans cause ou dont la cause est illicite, soit en vertu de cet autre principe, que nul n'est admis à réclamer la rémunération de son immoralité. Dans l'ancien droit, on prohibait les dons entre concubins, et si cette prohibition n'a pas trouvé place dans le Code civil, c'est que le législateur avait voulu prévenir des perquisitions qui pourraient être injustes, odieuses, scandaleuses. Or, si la loi a craint le scandale lorsqu'il s'agit d'annuler le don fait par un concubin à sa concubine, à combien plus forte raison le juge ne doit-il pas le craindre, lorsqu'il s'agit de forcer le concubin à doter la concubine ? En ce qui concerne les enfants, l'action de la demanderesse équivalait à une recherche de paternité, car l'existence de ces enfants étant la base de la demande, la fille G... a prouvé, et a été autorisée à prouver, et les juges ont constaté dans leur décision, que L... était père des enfants. Cette preuve et cette recherche auraient dû être encore plus défendues, parce que, dans cette espèce, il s'agissait d'enfants naturels adultérins. Or, en vertu de l'art. 335, leur reconnaissance ne peut avoir lieu ; ils sont placés par la loi dans une situation encore plus défavorable que les enfants naturels.

C'est reconnaître aux liaisons illicites une existence possible, c'est leur reconnaître des effets que de fonder sur le fait du concubinage continué pendant plusieurs années une obligation alimentaire à la charge de l'homme, au profit de la femme et des enfants naturels non reconnus. Que fait-on de la règle : « *Pater is est quem nuptix demonstrant ?* » Voudrait-on arriver à dire : « *Pater is est quem concubinatus demonstrat ?* »

Arrêt de la Cour d'Aix, 7 juin 1869.

M. Mataran, passant à Malte pour aller s'établir en Égypte, engagea M{^lle} Mazuchelli à le suivre; la jeune fille résista d'abord; mais il ne perdit pas courage : il la séduisit en lui promettant de l'épouser. Après avoir vécu onze ans avec lui, M{^lle} Mazuchelli apprit que son amant était marié; elle l'abandonna aussitôt et lui réclama 10,000 fr. de dommages-intérêts.

La Cour d'Aix a décidé que l'inexécution d'une promesse de mariage faite par un homme marié peut donner lieu à des dommages-intérêts lorsqu'elle a été la cause déterminante des relations illégitimes consenties par une jeune fille sous l'empire d'un espoir mensonger. L'amant fut condamné à payer 4,000 fr. à sa maîtresse.

De quoi se plaignait M{^lle} Mazuchelli ? L'article 1142 nous dit que toute obligation de faire ou de ne pas faire se résout en dommages-intérêts, en cas d'inexécution de la part du débiteur. Mais l'obligation qui a une cause illicite, contraire à l'ordre public ou aux bonnes mœurs, est nulle (art. 1131 et 1133). De quoi donc se plaignait M{^lle} Mazuchelli ?

Elle a suivi M. Mataran jusqu'en Égypte de son plein gré; elle a été décidée par une promesse de mariage; mais cette promesse est nulle comme portant atteinte à la liberté illimitée des mariages.

De quoi l'indemnise-t-on ? Est-ce de l'inexécution de cette promesse ? La Cour d'Aix aurait-elle voulu nous montrer que ce n'est pas seulement à la *Comédie-Française* qu'on voit le Mariage forcé? Ou bien est-ce du préjudice subi? Mais M{llé} Mazuchelli n'invoque pas un préjudice matériel et appréciable, elle n'invoque qu'un préjudice moral; elle a été longue à s'en apercevoir, puisqu'elle a laissé écouler onze ans de vie commune. — En fait, à ne considérer de l'arrêt que le résultat en lui-même, il semble que M. Mataran ait été puni d'une seule chose : la rupture des relations; c'est le concubinage organisé, sanctionné, auquel on donne une force légale.

Arrêt de la cour de Toulouse, 28 *novembre* 1861.
« La Cour...,
» ...Attendu que la fille S... peut être admise à
» prouver qu'elle serait devenue mère par suite
» de ses relations avec G.... »

Nous avons extrait cette phrase topique de l'arrêt de la Cour de Toulouse pour montrer jusqu'où la jurisprudence est allée dans la voie des subterfuges avec la loi. N'est-ce pas là une violation, non plus détournée, mais flagrante et directe, de la recherche de la paternité?

Jugement du Tribunal civil de la Seine, 21 *février* 1876.

« Attendu que Léonie réclame à Louis le paiement d'une pension alimentaire pour subvenir aux frais d'entretien d'un enfant qu'elle a eu le 26 septembre 1869, et le paiement d'une somme de 5,000 fr., à titre de dommages-intérêts, pour réparation du préjudice à elle causé par la séduction dont elle avait été la victime par suite de l'inexécution d'une promesse de mariage faite par Louis ;

» Attendu, en fait, que Louis a promis le mariage à Léonie ; qu'il n'a pas réalisé sa promesse ; qu'il ne fait valoir aucun motif pour justifier l'inexécution de son engagement ; qu'il a depuis contracté un mariage qui rend irréparable la faute commise par Léonie ;

» Qu'il y a lieu d'examiner si la promesse de mariage a déterminé la chute de la demanderesse ;

» Qu'aucun reproche n'a été et n'est formulé contre la conduite de cette fille en dehors des relations qu'elle a eues avec Louis ;

» Qu'il y a donc lieu de considérer la promesse de mariage faite par Louis comme la *raison déterminante* de la faute de Léonie ;

» Attendu qu'il ne peut être loisible de faire de telles promesses qui ont pour résultat principal, quand elles demeurent, comme dans l'espèce, sans exécution, la chute, le malheur et la misère de celles qu'elles entraînent ;

» Qu'il résulte de ce qui précède que Léonie est fondée à demander des dommages-intérêts à l'auteur du tort moral et matériel qu'elle subit ;

» Attendu que le tribunal a des éléments suffisants d'appréciation pour fixer à 1,000 francs les dommages-intérêts;

» Attendu en ce qui concerne la pension alimentaire pour l'entretien de l'enfant naturel de Léonie que, dans une lettre du 9 mars 1869, qui sera enregistrée avec le présent, Louis lui écrit : « Pourquoi aller jusqu'à craindre pour les moyens » d'existence de ton enfant? Est-ce que, quand » le moment sera venu, je ne serai pas là pour » t'aider? Non, Léonie, n'aie pas peur; que mon » père veuille ou non que tu sois ma femme, je » n'en serai pas moins le père de ton enfant, et, » par conséquent, je devrai contribuer, autant » qu'il me sera possible, à le rendre heureux. » Crois bien que tu trouveras toujours en moi » aide et protection »;

» Attendu que Louis, en prenant de pareils engagements, remplissait une obligation naturelle; que cette obligation était dépourvue de sanction, mais que les promesses ci-dessus relatées, faites par lui spontanément, donnent ouverture contre lui à une action civile;

» Attendu que le tribunal doit arbitrer le chiffre de la pension à servir, en prenant pour base les besoins de l'enfant, la part de responsabilité qui incombe à la mère et les ressources de Louis;

» Qu'il résulte des faits et documents de la cause que le tribunal a des éléments suffisants d'appréciation pour fixer à 365 fr. par an la pension alimentaire à servir par Louis à Léonie jusqu'à la majorité de l'enfant, né le 26 septembre 1869 ;

» Par ces motifs,

» Condamne Louis à payer à Léonie : 1° une somme de 1,000 fr. à titre de dommages-intérêts ; 2° une pension alimentaire de 365 fr. payable d'avance par semestre, du jour de la demande jusqu'à la majorité de l'enfant, né le 26 septembre 1869. »

Léonie était plus âgée que Louis d'un an et quelques mois ; il n'était resté que pendant trois mois dans le village qu'elle habitait en 1867 ; de l'aveu même de la demanderesse, durant ce temps-là, ils se sont contentés de soupirer l'un pour l'autre ; en janvier 1868, c'est de son plein gré que Léonie, trompant ses parents, était venue rejoindre le défendeur, qui n'a pratiqué aucune séduction et n'avait fait aucune promesse de mariage. Onze mois s'écoulèrent sans que la demanderesse et le défendeur, séparés par la distance, échangeassent autre chose qu'une correspondance.

Enfin, Léonie fit un voyage de 218 kilomètres pour revoir Louis ; elle prétendit qu'il était le père de l'enfant dont elle était accouchée le 26 septembre 1869 et dont la conception pouvait, en effet, être contemporaine de leur dernière réunion ; mais il ne faut pas oublier que c'est en connaissance de cause et à ses risques et périls qu'elle avait couru cette nouvelle aventure.

Quant à Louis, il nia avoir jamais pris l'engagement de payer une pension pour le fils de Léonie ; de ce chef, la demande aurait dû être repoussée par une fin de non-recevoir résultant de l'article 340 du Code civil, qui interdit la recherche de la paternité ; que cette recherche soit directe ou indirecte, l'interdiction est la même, aux termes de la doctrine et de la jurisprudence. Reste la question de dommages-intérêts : Léonie ne saurait en réclamer, car elle n'a été victime que de sa propre faute et de ses entraînements, et c'est pour ce motif même que, renseignements pris, les parents de Louis se sont opposés à ce qu'il fît sa femme d'une fille dont il n'avait pas surpris, mais accepté seulement les faveurs.

Dans cette affaire, nous relevons : preuve de paternité contraire à l'article 340, indication du nom du père et de la date de la naissance de l'enfant, inexécution de promesse de mariage servant de base à l'action en dommages-intérêts (donc le jugement reconnaît une valeur à la promesse de mariage qui est contraire à la loi), sanction d'une obligation naturelle dont la cause est illicite ; autant de moyens qui auraient pu faire infirmer ce jugement s'il avait été déféré aux juridictions supérieures.

Voici un arrêt rendu en 1879 par la Cour de Bourges :

« La Cour...,

» Considérant que sans qu'il y ait lieu de se

livrer à aucune recherche, il est suffisamment établi par les faits qui précèdent que B... a entretenu des relations intimes avec la fille G...;

» Que le fait seul des relations constitue à la charge de B... une faute grave qui a causé à la fille G... un préjudice, et qu'il est tenu de le réparer;

» Qu'en admettant que la fille G... n'ait pas opposé à B... toute la résistance dont elle était capable, son consentement ne peut être considéré comme spontané;

» Considérant que la fille G... se trouve aujourd'hui dans l'impossibilité de subvenir à ses besoins et à ceux de son enfant;

» Par ces motifs, condamne B... à payer 10,000 f. à la fille G... »

Dans cet arrêt, la Cour, tout en reprochant à la fille G... de n'avoir *pas opposé à B... toute la résistance dont elle était capable,* accorde néanmoins des dommages-intérêts, constate que des relations de B... et de la fille G... est né un enfant et établit au profit de l'enfant une preuve authentique de sa filiation.

Il n'était nullement question de promesse de mariage, de lettres, constatant un engagement, un aveu de la part du père: au contraire, l'arrêt semble reconnaître, jusqu'à un certain point, le libre consentement de la fille G... C'est à notre avis aller trop loin, ce n'est plus interpréter la loi, c'est la faire!

A propos de tous ces arrêts, remarquons que la

loi n'est pas seulement violée dans son texte, mais dans son esprit ; tout l'ensemble des dispositions du Code civil sur la matière est renversé de fond en comble. D'après le titre de la paternité et de la filiation, une reconnaissance sous seing privé ou dans des lettres, ne vaudrait pas devant la justice ; l'aveu, la déclaration de la partie ne suffirait pas à donner une preuve légale de la paternité ; les juges refuseraient de la constater ; les tribunaux ne devraient pas déclarer la paternité sur l'aveu du séducteur, ils le font sur ses dénégations ! Ils le font même sans enquête quelquefois, nous venons de le voir.

Nous avons réfuté successivement chacun des arrêts que nous venons de rapporter, mais qu'on nous permette à l'appui de ces réfutations personnelles, de citer quelques arrêts qui décident en faveur du système que nous défendons : on verra par les dates de ces arrêts, qu'il se fit au moment où ils furent rendus, une réaction contre la jurisprudence contraire à l'article 340, qui s'établit vers 1845 et qui s'est continuée jusqu'à l'heure actuelle. Ces arrêts arrivent au même résultat que les arrêts rendus depuis la promulgation de la loi de l'an II jusqu'à 1814. Mais non plus à l'aide des mêmes moyens, des mêmes *considérants*.

Cour d'Aix, 14 *juillet* 1853.
« La Cour...,
» Considérant que cette demande est fondée

» sur la lettre du 3 avril 1850 adressée par
» M... à la demoiselle D...; Considérant que
» M... dans cette lettre se reconnaît père de l'en-
» fant dont la fille D... vient d'accoucher, mais
» cette reconnaissance n'est pas authentique, il
» s'agit de savoir si elle peut servir de fondement
» à la demande d'une pension alimentaire contre
» celui que l'a souscrite ;

» Considérant qu'il résulte de l'article 334 du
» Code civil qu'une reconnaissance sous seing
» privé ne porte pas assez l'empreinte d'une vo-
» lonté libre et réfléchie pour faire preuve de la
» paternité ;

» Qu'on ne peut donc trouver dans une telle
» reconnaissance la preuve que son auteur a eu
» la volonté de fournir à l'enfant une pension
» alimentaire et qu'il en a contracté l'engage-
» ment; car pas d'obligation efficace où l'inten-
» tion des obligés n'est pas constante; que s'il
» est vrai que l'obligation de fournir des aliments
» à l'enfant naturel dérive non de la loi civile,
» mais de la nature, il est incontestable que la
» loi civile a le droit de déterminer la forme des
» preuves desquelles dépend l'application de
» cette obligation, comme elle interdit dans un
» grand nombre de cas la preuve testimoniale
» des engagements, comme elle assujettit à cer-
» taines formes, les actes faits pour les constater.

» Qu'il suit de là, que la reconnaissance contenue
» dans la lettre ne peut motiver une condamna-

» tion de M... à fournir des aliments à l'enfant
» de la fille D...

» Par ces motifs, infirme le jugement dont est
» appel. »

Cour de Bastia, 28 *août* 1854.

« La Cour...,

» Considérant qu'il est de principe constant
» sous la législation actuelle que les filles dé-
» laissées n'ont point d'action en justice envers
» leur séducteur pour en obtenir des domma-
» ges-intérêts ; Considérant que les relations in-
» times qui ont existé entre les deux amants
» ont été le résultat d'un *entraînement* réci-
» proque, et qu'on ne saurait sérieusement sou-
» tenir qu'une femme puisse être admise à ré-
» clamer par la voie judiciaire le prix de sa
» faiblesse, de son déshonneur ou de son liberti-
» nage ; Considérant que vainement il est dé-
» claré au jugement dont est appel que les *écarts*
» de la fille B... auraient été précédés d'une pro-
» messe de mariage ; Que c'est par une inexacte
» appréciation du droit que les premiers juges
» ont condamné le sieur B... à payer à la fille B...
» une pension alimentaire ;

» Par ces motifs, infirme... »

Arrêt de la Cour de Grenoble, 18 *mars* 1854.

« La Cour...,

» Attendu qu'il est reconnu en droit que

» l'inexécution d'une promesse de mariage ne
» peut à elle seule motiver une condamnation à
» des dommages-intérêts ; qu'il doit en être ainsi
» même lorsque sous la foi d'une promesse de
» mariage, des rapports intimes se sont établis et
» ont abouti à une grossesse ;

» Attendu que la justice ne doit pas donner
» suite à une pareille action, car on court le dan-
» ger, en croyant réparer le dommage que ce fait
» a causé, de commettre une injustice et d'accor-
» der une prime à l'immoralité ;

» Par ces motifs, réforme... »

Arrêt de la Cour d'appel de Nancy, 25 *février*
1865.

« La Cour...,

» Considérant que la fille M... soutient avoir eu
» des relations avec le sieur M... et que de ces re-
» lations serait issu un enfant qui est à sa charge
» et qu'à propos de ces faits, elle intente une de-
» mande en dommages intérêts pour cause de sé-
» duction ;

» Considérant qu'aux termes de l'article 340 du
» Code civil la recherche de la paternité est inter-
» dite d'une manière absolue en dehors de circons-
» tances et de conditions prévues par la loi ; que
» sous aucun prétexte, l'enfant ne peut recher-
» cher ou invoquer cette paternité pour s'en faire
» la base d'une demande en pension alimentaire ;

» Que si la fille M... a éprouvé un préjudice,

» c'est le résultat de sa volonté et c'est le cas d'ap-
» pliquer, ainsi que l'ont fait les premiers juges,
» la maxime *volenti non fit injuria.*

» Par ces motifs, confirme le jugement dont est
» appel. »

Arrêt de la Cour de Paris, 19 *janvier* 1865.
« La Cour...
» Considérant que la demande en paiement de
» dommages-intérêts est fondée sur la prétention
» de la fille R... que l'enfant auquel elle a donné
» le jour proviendrait des œuvres de G... et qu'elle
» ne se serait livrée à lui que sur la promesse
» qu'il lui aurait faite de l'épouser, et que G... lui
» aurait causé un préjudice ; — Qu'elle offre de
» faire la preuve de ces faits ; — Considérant que
» la recherche de la paternité étant interdite, il
» ne resterait pour justifier la demande que la
» promessse de mariage; Considérant que des faits
» articulés, même s'ils étaient prouvés, il ne ré-
» sulterait pour la fille R... une cause de domma-
» ges-intérêts,

» Par ces motifs, infirme..., »

Jugement du tribunal de Savenay, 28 *juillet*
1865.

« Attendu que s'il est incontestable aux termes
» de l'article 1382 du Code civil que tout fait quel-
» conque de l'homme qui cause à autrui un dom-

» mage oblige celui par le fait duquel il est ar-
» rivé à le réparer ;

» Attendu que la procédure et la preuve des faits
» demandés par la fille D... nécessiteraient des
» révélations scandaleuses et dont le succès trop
» facile pourrait devenir une prime donnée à l'im-
» moralité ; qu'on ne peut admettre une pareille
» preuve sans exposer et compromettre l'honneur
» et la paix des familles ;

« Attendu qu'en admettant que les faits arti-
» culés par la fille D... soient de telle nature que,
» s'ils étaient établis, il en résulterait nécessaire-
» ment la démonstration que l'enfant dont elle
» est accouchée serait issu des œuvres de R...,
» dont la paternité se trouverait ainsi juridique-
» ment constatée d'une façon indirecte et par voie
» de conséquence, au mépris de la disposition si
» formelle de l'article 340, Code civil ;

» Attendu que l'article 340 ne distingue pas le
» cas où la paternité est recherchée comme objet
» principal et celui où elle fait seulement l'objet
» secondaire d'une action en dommages intérêts;

» Par ces motifs, déclare la demoiselle D...
» non recevable. »

La cour de Rennes rendit un arrêt confirmatif
le 11 avril 1866.

Arrêt de la Cour de Paris, 2 août 1866.

« La Cour...,

» Attendu que les considérations d'ordre public

» qui ont fait interdire la recherche de la pater-
» nité s'appliquent également à la preuve qui
» serait offerte d'une paternité possible ou pré-
» sumée; que l'on ne saurait admettre qu'à l'aide
» d'une distinction qui ne serait qu'un moyen d'é-
» luder une prohibition expresse de la loi, cette
» preuve puisse être tantôt permise et tantôt dé-
» fendue lorsqu'il s'agirait de faits de même na-
» ture, d'une action ou de débats qui entraîne-
» raient des scandales et des dangers qui ont fait
» interdire la recherche de la paternité ;

» Que c'est cette recherche que poursuit, en ef-
» fet, la dame de G.... ;

» Que tel est le caractère de l'article 340 du
» Code civil qui interdit la recherche de la pa-
» ternité dans l'intérêt des bonnes mœurs et de
» la sécurité des familles, pour mettre fin aux
» débats scandaleux que, sous l'ancien droit, les
» actions de cette nature faisaient naître devant
» les tribunaux ;

» Par ces motifs, infirme... »

Arrêt de la Cour de Caen, 5 juillet 1875.

« Attendu qu'aux termes de l'article 340 du
» Code civil, la recherche de la paternité est in-
» terdite et que, suivant l'article 334 du même
» Code, la reconnaissance d'un enfant naturel ne
» peut résulter que d'un acte authentique ; — que,
» dès lors, l'enfant naturel qui n'a en sa faveur
» aucune reconnaissance de cette nature, n'est

» recevable ni à établir que V... était son père,
» ni à réclamer le bénéfice de cette filiation ; —
» que c'est librement et volontairement que la
» mère de l'enfant naturel a noué des relations
» avec V..., et que, par suite, l'enfant naturel
» n'est pas fondé à réclamer, comme représentant
» sa mère, le bénéfice de l'article 1382 du Code
» civil... »

La Cour repoussa la demande en pension alimentaire.

Bornons là nos citations d'arrêts qui ne sont que trop longues. Peut-être nous sommes-nous répétés. Quoi qu'il en soit, cette superfétation n'est point inutile, car elle prouve à quelle distance des textes les tribunaux se sont aventurés.

On invoque souvent contre la loi et pour l'interpréter des considérations morales ; quelque fondées qu'elles puissent être, elles ne sauraient avoir plus de puissance que la loi.

Nous ne pouvons mieux terminer notre étude sur la jurisprudence en matière de dommages-intérêts pour cause de séduction et grossesse, qu'en citant quelques extraits d'une étude dans dans laquelle M. Bertauld, l'éminent professeur de droit, aujourd'hui sénateur et procureur général à la Cour de cassation, a blâmé énergiquement cette tendance de la jurisprudence à contourner et à éluder l'article 340 :

« Dans la vie privée, dit l'honorable juriscon16

» sulte, la liberté individuelle a plus de droit que
» l'autorité; dans la vie publique l'autorité doit
» avoir la prépondérance. La jurisprudence de
» nos tribunaux tient sans doute grand compte
» de cette idée. Mais y a-t-elle toujours été assez
» fidèle? N'offre-t-elle pas quelques traces, quel-
» ques témoignages d'une dangereuse tendance
» à envahir un domaine qui n'est pas celui de la
» loi pour faire elle-même des lois sur des inté-
» rêts étrangers à la souveraineté nationale? Ne
» soulève-t-elle pas trop facilement le voile qui
» protège le foyer domestique par un excès de
» sollicitude pour des situations que la société
» réprouve? Ne se livre-t-elle jamais avec trop de
» complaisance à des recherches qui sont pour la
» conscience publique une grave cause d'inquié-
» tude et de trouble? N'est-il pas à craindre que,
» sous l'empire d'inspirations très pures, le pou-
» voir juridique, dans son dévouement à la loi
» morale, ne devienne un dangereux ami et ne
» compromette la cause qu'il veut servir?...

» Dans la conviction qu'ils sont appelés au se-
» cours de la loi morale, quelques tribunaux,
» dans ces derniers temps, se sont montrés fort
» enclins à imposer l'accomplissement de pré-
» tendues obligations naturelles que la société a
» jugé convenable de ne pas convertir en obli-
» gations civiles et dont son intérêt est d'empê-
» cher la constatation!

» Je ne puis, je ne veux citer tous les exem-

» ples de la tendance que je signale avec
» d'autant plus de liberté que les esprits qui la
» subissent n'ont pas conscience de l'empiètement
» qu'ils favorisent et des dangers qui peuvent en
» résulter.

» Des hommes de bien ont pour eux leur bonne
» intention, ils croient défendre la société, et à
» mon sens ils compromettent quelques-uns de ses
» plus chers intérêts ; je dois cependant emprun-
» ter quelques témoignages à la jurisprudence.

» Des femmes qui n'ont pas perdu seulement
» leur innocence, mais leur pudeur, réclament
» des dommages-intérêts contre ceux qu'elles
» appellent leurs *séducteurs*. Tantôt elles par-
» lent de promesse de mariage, tantôt, et pour
» cause, puisqu'elles imputent leur chute à des
» hommes mariés, elles ne parlent que de pièges
» dans lesquels leur faiblesse aurait succombé.
» Elles se disent victimes de séduction, tandis
» qu'elles ne sont victimes que de leurs mauvais
» instincts et de leurs convoitises. Elles se pré-
» valent de la perte d'une vertu dont l'existence
» même dans le passé est fort incertaine, et espè-
» rent faire oublier leur corruption présente qui
» n'a rien de problématique. Elles comptent leurs
» grossesses, leurs enfants, et pour elles l'adul-
» térinité des relations n'est qu'une raison de
» plus de leur accorder, avec des sympathies
» auxquelles elles ne tiennent guère, de l'ar-
» gent auquel elles tiennent beaucoup.

» Elles veulent faire nourrir, pensionner, doter
» leur postérité par des hommes qu'elles n'ap-
» pellent pas *pères*, mais *auteurs de dommages*,
» dans un langage de convention qui ne trompe
» personne. Ces femmes rejettent sur les hommes
» qu'elles *choisissent* la responsabilité et la charge
» de leur maternité ; *elles ne recherchent pas*, di-
» sent-elles, *la paternité*, elles en déduisent les
» conséquences en sous-entendant la cause !...

» La jurisprudence, qui a d'abord, avec beau-
» coup de réserve et timidement, ouvert la porte
» aux actions pour préjudice matériel et moral
» résultant de la violation d'une promesse de
» mariage quand cette promesse ne pourrait être
» contestée, sert aujourd'hui de point de départ à
» une théorie aussi contraire aux intérêts de la
» société qu'aux textes de nos lois. Les filles
» mères abordent sans voile la justice...

» Je m'alarme d'une tendance qui introduirait
» le juge dans une sphère où le législateur n'au-
» rait pas lui-même droit de pénétrer. Je me
» préoccupe d'une tentative d'usurpation sur la
» liberté individuelle ! »

A cette critique si forte et si serrée, M. Ancelot, alors avocat général à la Cour de Riom, répondit en défendant la magistrature attaquée par M. Bertauld dans ses tendances, mais il ne répond guère aux arguments de M. Bertauld; il se contente de dire que : « Les tribunaux n'ont

» pas condamné comme séducteurs les premiers
» hommes venus, ils ont accueilli, comme ils de-
» vaient le faire, les demandes plus intéressantes
» qu'intéressées de filles dignes de pitié. »

A notre avis, M. Ancelot n'a pas compris ce que M. Bertauld a voulu dire : ce que M. Bertauld craint, c'est que cette nouvelle jurisprudence ne permette à des filles perdues, éhontées, d'intenter des procès contre le premier venu des nombreux hommes avec lesquels elles auront eu des rapports.

M. Bertauld est certain qu'elles perdront leurs procès et que les magistrats éclairés sauront déjouer leurs plans infâmes ; mais ce que les magistrats ne peuvent éviter, c'est que ces filles sans pudeur intentent ces actions, ne fassent ces procès scandaleux qui, bien que non suivis de jugements favorables, sont par leur introduction même et par leur instruction un moyen de chantage. Bien des hommes, sûrs de triompher dans un pareil procès, préfèreront éviter le scandale et la calomnie et transigeront pour étouffer l'affaire, ce qui s'est déjà souvent présenté.

Comme l'a dit si bien M. Bertauld, ce n'est pas aux tribunaux à corriger la loi ; ce n'est pas une raison, parce qu'ils la trouvent mauvaise, pour ne pas l'appliquer, et si les effets de cette application sont mauvais, le législateur est là pour voir s'il faut la modifier.

C'est justement, à l'heure qu'il est, la question

qui se pose. La législation sur la matière qui nous occupe est-elle mauvaise, et les effets de son application ont-ils été préjudiciables à la société et à l'ordre public ?

Nous ne le croyons pas. Après la promulgation de la loi du 12 brumaire an XII, et pendant les quarante années qui suivirent, aucune discussion ne s'était élevée parmi les jurisconsultes sur la question de la recherche de la paternité ; ce ne sont pas les adversaires de l'art. 340 qui ont commencé en critiquant la jurisprudence conforme strictement à l'art. 340, ce sont, au contraire, les défenseurs du texte de la loi et de la jurisprudence conforme à l'art. 340, qui ont combattu la tendance des tribunaux dont parle M. Bertauld.

Pendant la première partie du siècle, les tribunaux appliquaient la loi telle qu'elle existe dans son texte comme dans son esprit, aucune réclamation ne s'éleva dans la société, et si les tribunaux n'avaient pas donné crédit à des systèmes spécieux, s'ils avaient suivi scrupuleusement les errements de la jurisprudence, au lieu de prêter l'oreille à des subtilités habilement mais illégalement présentées, nous n'aurions pas aujourd'hui le spectacle de jurisconsultes et d'auteurs se disputant sur un texte et de législateurs qui veulent le supprimer.

Nous allons d'abord examiner les jurisconsultes et les auteurs, et nous discuterons ensuite le projet de loi.

V

Auteurs et jurisconsultes contemporains. — M. Millet, « La Séduction. » — M. Jacquier, « Des preuves et de la recherche de la paternité naturelle ». — M. Baret, « Des preuves de la filiation naturelle ». — MM. Aubry et Rau, Demolombe, etc. — Réfutation.

Parmi les ouvrages qui ont été faits récemment sur la recherche de la paternité et qui considérant l'art. 340 comme indigne de figurer dans le code d'une nation civilisée, veulent rétablir le principe antique que la recherche de la paternité est admise, il en est un qui sous ce titre : *La Séduction*, propose une véritable révolution dans le Code pénal et dans le Code civil.

M. Millet, l'auteur de ce livre, veut qu'on punisse la séduction et qu'on donne une action civile à la fille mère séduite, pour obtenir du père de son enfant une pension et des dommages-intérêts.

Nous allons examiner et analyser cet ouvrage et nous en réfuterons les principaux arguments.

En plaidant pour les filles séduites, M. Millet veut faire supprimer l'art. 340, qui interdit formellement toute recherche de paternité. C'est donc une discussion juridique que l'on devrait s'attendre à trouver dans son livre. Bien loin qu'il en soit ainsi, M. Millet traite, avec des considérations morales, des questions de fait et de sentiment, croyant arriver au but. Il se place à un point de vue antijuridique, car il sait qu'en droit sa thèse n'est pas soutenable. Et s'il cherche à appliquer des textes, à les comparer à ses considérations générales de fait, c'est avec peine et difficulté et sans résultat sérieux et convaincant qu'il met la loi et les faits en opposition.

Il veut raisonner en moraliste sur une question qui ne peut et ne doit être discutée que juridiquement et dégagée de tout embarras par un esprit impartial, qu'aucun intérêt, aucune considération morale, aucune espèce, plus ou moins habilement forgée, ne puisse venir influencer dans un sens ou dans un autre.

« Tel article du Code ne me plaît pas : qu'on
» l'abroge! qu'on le remplace par celui-ci. Il y a
» une lacune dans telle loi : qu'on la comble avec
» cela ! »

Voilà ce que dit M. Millet avec assurance et sans s'occuper du droit et des motifs mûrement réfléchis et discutés qui ont fait la loi telle qu'elle est.

M. Millet commence par envisager le viol, l'enlèvement, la séduction dans l'ancien droit, et rappelle les peines qui étaient appliquées à ces infractions pénales. Il reconnaît qu'on s'était élevé, même avant 1789, contre la maxime : *Creditur virgini parturienti,* mais il prétend que par les réformes que Servan désirait, il ne demandait pas la prohibition de la recherche de la paternité, qu'il demandait seulement qu'on eût moins de croyance dans les déclarations des filles mères. Il suffit de lire les passages du discours de Servan que nous avons cités plus haut pour voir que ce savant jurisconsulte voulait une réforme efficace et absolue, et d'ailleurs demander le rejet de la règle : *Creditur virgini...,* n'est-ce pas réclamer l'interdiction de la recherche de la paternité ?

M. Millet dit qu'en adoptant l'art. 340 du Code civil, le législateur de 1804, voulant corriger l'excès de sévérité qui résultait de l'ancienne jurisprudence, est tombé dans un excès inverse : « Autrefois, on punissait trop sévèrement le sé-
» ducteur, maintenant on favorise ses entre-
» prises. »

M. Millet aborde le Code pénal et étudie les peines qui punissent le viol, l'attentat à la pudeur, l'enlèvement et rapporte la disposition des art. 331, 332, 334, 354, 355, 356 du Code pénal.

Si nous comprenons bien l'auteur du livre sur la séduction, en s'étendant sur ces matières, c'est qu'il veut montrer que le Code pénal ne punit pas l'enlèvement sans fraude ni violence d'un fille de dix-huit ans ; « c'est, dit-il, un délit qui devrait
» être puni ; il y a là une lacune dans la loi. »

Non, il n'y a pas de lacune dans le Code pénal :

si le législateur ne punit pas le simple enlèvement sans violence d'une fille de dix-huit ans, c'est que dans ce cas, il n'y a pas un coupable et une victime, c'est qu'il y a consentement présumé de la part de la jeune fille.

M. Millet s'étonne que la même loi, qui punit dans l'art. 334 du Code pénal le proxénète, celui qui favorise la débauche des filles, qui se fait l'entremetteur, le séducteur pour le compte d'un autre, ne punisse pas celui qui séduit pour son propre compte.

Il n'y a pas lieu de s'étonner. L'art. 334 du Code pénal punit le proxénète parce qu'il fait *habituellement* et *publiquement métier* de proxénétisme, et que le plus souvent il s'adresse à des mineures au-dessous de seize ans. Si l'art. 334 du Code pénal punit le proxénète, c'est pour éviter le dérèglement des mœurs; l'art. 334 est exclusif et restrictif; la Cour de cassation a jugé définitivement que cet article ne s'applique qu'à celui qui favorise et facilite habituellement la débauche dans l'intérêt des passions d'autrui et non à celui qui favorise la débauche dans l'intérêt de ses passions personnelles [1].

M. Millet parle d'un amendement à l'art. 334 du Code pénal, qui aurait été proposé en 1810 au

---

[1]. De nombreux arrêts ont consacré ce système. Cour de cassation : 12 mai 1848; — 28 juillet 1848. — Cour de Paris, 5 juin 1849. — Cassation, 20 septembre 1850; — 21 mars 1853; — 19 août 1853; — 27 avril 1854; — 1er mai 1854.

Conseil d'État, pour décider qu'on punirait la séduction. Mais cet amendement fut rejeté parce que « c'est à la vigilance des parents, aux prin-
» cipes de l'honneur, que les filles doivent de-
» mander leurs meilleurs soutiens, qu'après seize
» ans, la séduction, que la nature n'a pas placée
» au rang des crimes, ne peut y être placée par
» la société, qu'il est difficile à cette époque de la
» vie, vu la précocité du sexe et l'excessive sen-
» sibilité, de démêler l'effet de la séduction de
» l'abandon volontaire. Quand les atteintes por-
» tées au cœur peuvent être réciproques, com-
» ment distinguer le trait qui l'a blessé, et com-
» ment reconnaître l'agresseur dans un combat
» où le vainqueur et le vaincu sont moins enne-
» mis que complices ? »

« Ce que le Code pénal a voulu dans les art.
» 334, 335, 355, 356, dit M. Millet, ce qu'il a
» prévu, ce qu'il punit, c'est la corruption pra-
» tiquée sur la volonté même de la mineure;
» c'est l'influence séductrice à laquelle elle obéit.
» Voilà pourquoi, conclut-il, la séduction doit être
» punie. »

Cette conclusion est, à notre avis, amenée sans motif sérieux. Si la loi pénale frappe, c'est moins dans un intérêt privé que dans l'intérêt de l'ordre public. La séduction ne présente pas des caractères de publicité suffisante, des faits menaçant l'ordre public : la loi pénale ne punit pas en ce cas, elle n'a pas à punir.

Nous avons vu qu'on voulait assimiler la *séduction à l'excitation à la débauche*. Nous citerons un passage d'un ouvrage de MM. Chauveau et Adolphe sur le Code pénal, qui réfute cette prétention d'une façon décisive.

« L'action de l'homme qui, entraîné par la
» passion, séduit une fille mineure, est-elle donc
» la même que l'action du mercenaire qui se rend
» l'intermédiaire de la corruption et qui fait trafic
» de colporter à prix d'or des propositions honteuses
» et de livrer des victimes à la prostitution ?
» Le premier est un homme immoral, le second
» est un homme infâme. Si l'un séduit, c'est pour
» lui-même, il est entraîné par ses passions,
» l'autre n'a point de passions. — Il corrompt
» pour de l'or, c'est son commerce et sa profession
» Le premier n'est qu'accidentellement débauché.
» le second fait métier de séduire les jeunes filles
» pour les vendre à la débauche. Il fait plus, il
» excite les désirs du corrupteur, il flatte, il entretient
» les honteuses passions dont il vit.

» On a dit que le dommage social était le même
» dans les deux cas. Quand cela serait, quelle
» serait la conséquence ? Est-ce que le dommage
» est le seul élément de la criminalité des actions ?
» Est-ce que cette criminalité ne se puise pas
» principalement dans l'intention de l'agent et
» dans l'immoralité de son but ? Une distance immense
» sépare donc ces deux actes et la loi ne
» pouvait les réunir dans une même peine.

» Mais doit-on supposer que la loi ait voulu
» incriminer la séduction personnelle ? Songez
» aux fatales conséquences d'une semblable in-
» crimination. La vie privée serait livrée à une
» intolérable inquisition, le simple désordre de-
» viendrait un délit, l'abandon volontaire une
» séduction, et le scandale des poursuites boule-
» verserait les familles sans guérir les mœurs.

» On prétend, à la vérité, que le ministère pu-
» blic ferait un choix ; qu'il n'intenterait que les
» poursuites nécessaires et réserverait son inter-
» vention pour les cas où la séduction présente-
» rait le caractère le plus odieux. Mais qu'est-ce
» qu'un délit qui n'aurait aucun caractère propre
» et défini, dont l'existence dépendrait de l'opi-
» nion du ministère public et dont la poursuite
» serait une question de convenance et de
» choix [1].. »

Pour attirer l'attention et produire de l'effet sur les esprits impressionnables, M. Millet déplore que l'homme qui a eu avec une fille de 14 à 15 ans, et même du consentement de celle-ci, des rapports intimes, ne soit pas puni. Il accumule les espèces, les détails scandaleux, et à l'en croire, il y a là une situation horrible. Nous répondrons que les cas dont il parle ne se présentent que très rarement et que, lorsqu'ils se présentent, ils sont

---

1. Réquisitoire de M. Hello, — *Journal du droit criminel*, p. 13, 1838.

toujours accompagnés de circonstances accessoires qui font de l'acte commis un outrage à la pudeur, un attentat ou un enlèvement toujours punis sévèrement.

M. Demante, dans son Cours sur le Code civil, dit sur l'article 340 : « La paternité est un fait
» difficile à constater d'une manière certaine en
» l'absence de l'aveu, et la loi n'a pas voulu per-
» mettre une procédure scandaleuse qui n'aurait
» pu amener qu'un résultat douteux.

» Mais l'enlèvement étant un fait positif facile
» à prouver, la loi qui en ordonne la poursuite a
» pu également autoriser à en tirer les inductions
» relatives à la paternité. L'enlèvement n'établit
» pas contre le ravisseur une présomption de pa-
» ternité. Il permet seulement de le déclarer père;
» encore faut-il pour cela qu'il y ait rapport entre
» l'époque de la conception et celle de l'enlève-
» ment.

» Quant à la manière de prouver l'enlèvement
» et les circonstances propres à établir la pater-
» nité du ravisseur, la preuve par témoins est ad-
» mise comme étant de droit commun, et dès lors
» on ne voit pas pourquoi on ne chercherait pas
» dans la procédure criminelle à laquelle l'enlè-
» vement doit donner lieu les éléments qui
» peuvent servir à décider la question d'état. »

M. Millet veut convaincre que la séduction doit être punie, que la recherche de la paternité doit être admise pour cause de séduction. Mais donnet-il des moyens certains, légaux, juridiques, un critérium précis pour reconnaître quand et comment il y a séduction? Non, car cela est impossible.

La loi pénale n'a rien à faire avec la séduction et les questions de dommages-intérêts pour cette cause; cela est du domaine de la loi civile ; aussi ne nous occuperons-nous plus du Code pénal, car il s'agit ici d'une question de droit et d'une question de droit civil exclusivement.

Après avoir constaté que la loi du 12 brumaire an II a interdit la recherche de la paternité, et après avoir sommairement rapporté les raisons de cette règle, M. Millet cherche dans le Code civil des textes qui puissent donner à une fille mère une action pour cause de séduction :

« Le Code civil, » lisons-nous dans son livre [1], « ne renferme aucune disposition spéciale au sujet de la séduction, mais l'art. 1382 porte que » tout fait de l'homme qui cause à autrui un dommage, oblige celui par la faute duquel il est » arrivé à le réparer. »

Puis, après une série d'espèces dans lesquelles l'imagination de l'auteur s'est exercée à décrire des moyens de séduction, il conclut qu'une jeune fille de dix-sept à dix-huit ans, qui s'est livrée à un homme après des tentatives d'abord repoussées, a droit à une action en dommages-intérêts contre celui qui l'a rendue mère.

---

[1]. *La Séduction*, page 47.

L'auteur du livre *La Séduction* parle de cette jeune fille de dix-sept à dix-huit ans comme d'une « enfant qui n'a pas l'expérience des hommes et » des choses, qui ne peut apprécier toute la gra- » vité d'un amoureux badinage, une enfant qui » ne peut prévoir les longues conséquences d'un » rapprochement éphémère [1], » etc.

M. Millet oublie que la jeune fille à laquelle la loi donne le droit de disposer d'elle à quinze ans pour se marier, si on lui reconnaît à cet âge la raison suffisante pour consentir à l'acte le plus grave, a certainement la raison suffisante pour comprendre les conséquences d'une liaison momentanée, alors qu'elle peut comprendre les conséquences du mariage.

M. Millet nous a cité l'art 1382 du Code civil; mais l'a-t-il discuté, a-t-il même essayé, lui qui veut s'en faire un argument, de l'appliquer à la séduction ? Nullement.

Cependant nous ne voulons pas laisser passer cet art. 1382 sans montrer son véritable esprit, sa portée ; et pour ce faire, il n'y a rien de mieux que de citer un article de Mᵉ Tournade, paru il y a quelque temps dans le journal *Le Palais* :

... « Dans l'art. 1382, deux mots sont à relever: » *une faute, un dommage.*

» Le dommage existe ; il consiste dans le tort » causé à la réputation de la femme ; mais par

---

1. *La Séduction,* page 52.

» qui ce dommage a-t-il été causé? Voilà la vraie
» question...

» De quoi se plaint la femme? de l'atteinte
» portée à sa réputation. — Par qui cette atteinte
» a-t-elle été portée? On me répond : par l'homme ;
» mais ne peut-on pas répondre avec la loi : par
» elle-même? Je sais bien qu'une foule de consi-
» dérations morales vont m'être opposées. On me
» dira que le monde, si cruel pour la femme, est
» débonnaire pour l'homme ; que, par suite,
» l'homme n'a rien à risquer, ce qui le rend entre-
» prenant, qu'il est instruit, fort, et que toutes
» ces circonstances accumulent sur lui seul toute
» la culpabilité. Cela peut être vrai, mais si cette
» thèse, qui suffit à alimenter tous les théâtres
» du monde, est inspirée par un sentiment hono-
» rable, elle a certainement contre elle l'esprit
» même de nos lois. Elle suppose entre l'homme
» et la femme une inégalité qui, théoriquement,
» n'existe pas.

» La loi, en effet, repose sur une liberté pré-
» sumée égale chez tous et ne distingue pas en-
» tre les sexes ; elle ne parle des atteintes portées
» à la liberté *morale* que dans les cas limitative-
» ment énumérés où cette atteinte s'appelle une
» *violence* ou un *dol*. Hors de là, la liberté est
» présumée exister à un degré égal chez tous
» les êtres régis par notre code; si la faiblesse de
» votre caractère ou votre inexpérience vous font
» faire une mauvaise acquisition, vous ne serez

» pas admis à recourir contre votre vendeur, sauf
» les cas prévus par la loi. Ne sommes-nous pas
» dans une situation identique ? La femme, dites-
» vous, est faible et inexpérimentée : soit; mais
» la loi la suppose forte et capable de se diriger.
» Nulle législation n'admet cette inégalité qu'on
» voudrait introduire sous forme de protection
» pour la femme et, sans juger d'ailleurs l'oppor-
» tunité de cette réforme, on peut dire que la pro-
» tection appelle souvent le mépris; et que c'est
» parfois un grand bien que de ne pas être trop
» protégé.

» Il semble donc que si l'on admet chez la
» femme, soit à titre de vérité absolue, soit à titre
» de fiction légale, l'existence d'une volonté par-
» faitement éclairée et libre, on doit lui imputer
» dans la faute une responsabilité égale à celle
» de l'homme, et alors la question se trouve ré-
» solue...

» Il résulte donc de l'étude des textes que le
» Code établissant au point de vue moral l'égalité
» entre l'homme et la femme, ne peut admettre
» de différence entre eux quant à la responsabi-
» lité d'une faute dont ils sont coauteurs ; que le
» consentement présumé libre de la femme en-
» lève à la faute de l'homme le caractère qui
» l'aurait fait rentrer sous l'application de l'art.
» 1382, et que l'extension de cet article aux cas
» ordinaires de séduction, constitue au point de
» vue du droit strict un abus. »

M. Millet prétend que si aujourd'hui la séduction n'est pas un *délit*, elle est du moins un *quasi-délit*, autorisant l'action en dommages-intérêts pour la fille mère. Cette prétention qu'il pose n'est pas discutée par lui et n'est appuyée par aucune raison ni développement juridique.

Contentons-nous de répondre qu'il n'y a pas délit caractérisé par les lois, ce n'est pas douteux, et si l'on dit qu'il y a quasi-délit, on peut dire que la faute qui le constitue existe de la part de la femme comme de la part de l'homme; qu'il est contre l'équité naturelle, contre la saine raison que, pour une faute commise par deux personnes, on indemnise l'un des coupables aux dépens de l'autre, *volenti non fit injuria*.

M. Millet prétend que l'inexécution d'une promesse de mariage, cause déterminante des rapports intimes, peut donner lieu à une action en dommages-intérêts, lorsque la fille a eu un enfant. La loi ne reconnaît pas la promesse de mariage comme une source d'obligation; elle n'y attache aucun effet, parce que l'admission d'un principe contraire entraverait la liberté qui doit présider à ce contrat spécial et complexe qu'on appelle le mariage. Un contrat, une convention légalement intervenu crée des obligations; mais une promesse de contrat n'est pas un contrat. La promesse de vente vaut vente, dira-t-on, mais dans ce cas, le contrat qui intervient après la promesse, est *déclaratif de droits préexistants*;

l'acheteur est censé avoir été propriétaire du jour de la *promesse* de vente, tandis que le mariage est un contrat *attributif de droits nouveaux,* et cette doctrine résulte du Code qui n'attribue d'effet aux stipulations, promesses, conventions qui ont précédé le mariage, en un mot, au contrat de mariage que les époux dressent devant un notaire, qu'à partir du jour de la célébration du mariage devant l'officier de l'état civil. Lorsque la célébration du mariage ne suit pas le contrat notarié qui l'a précédé et qui a été fait en vue du mariage, la loi ne reconnaît aucune force à ce contrat. C'est bien dire qu'on ne peut avoir d'action pour inexécution d'une promesse de mariage.

Cependant, si l'on en croit M. Millet, la jurisprudence serait pour lui ; elle appliquerait l'art. 1382 du Code civil : oui et non ; *oui*, en ce sens que lorsqu'une promesse de mariage a donné lieu seulement à des achats, des frais de voyage, des démarches, et que cette promesse demeure sans exécution par la faute de l'un des fiancés, celui qui est lésé, l'homme ou la jeune fille peut obtenir des dommages-intérêts, en vertu des art. 1382, 1142, 1149 [1]. — *Non,* en ce sens, que lorsque le dommage éprouvé est la survenance d'un enfant, la fille mère n'a aucun droit, car ce serait, d'une part, porter atteinte à la liberté du consentement

---

1. Arrêt de la Cour de cassation, rejet, 27 juin 1855, Sirey 58. 1. 518.

au mariage et, d'autre part, violer l'art. 340 qui interdit la recherche et la preuve de la paternité. M. Millet a pris pour lui une jurisprudence qui condamne au contraire son système. Nous avons cité, d'ailleurs, plus haut, quelques arrêts qui rejettent toute action en dommages-intérêts, lorsque, avec l'inexécution de la promesse de mariage, une fille allègue la naissance d'un enfant comme étant un dommage.

M. Millet cite un arrêt rendu par une Cour d'appel en 1852 et qui est favorable à son système, mais cet arrêt, longuement motivé, juge une espèce particulièrement intéressante. On ne peut reprocher à cet arrêt d'avoir violé l'art. 340, aucun enfant n'étant né. L'arrêt a fait seulement, en admettant comme base de sa décision les rapports intimes et l'inexécution de la promesse de mariage, une application abusive des articles 1382, 1142, 1149, et s'il avait été soumis à la Cour de cassation, sans nul doute, cet arrêt eût été cassé.

Mais peu importe la jurisprudence actuelle, nous avons dit que depuis 1845 jusqu'à nos jours de nombreuses décisions étaient intervenues dans un ordre d'idées absolument contraire à la loi ; nous en avons montré les raisons et nous les avons combattues.

M. Millet invoque la jurisprudence nouvelle à l'appui de son système. Il oublie de réfuter la jurisprudence ancienne, postérieure à 1804 et antérieure à 1845. Nous, nous invoquons la loi, et, la loi en main, nous repoussons cette jurisprudence nouvelle, nous défendons l'ancienne jurisprudence. Il ne suffit pas de dire que tel tribunal, telle Cour a rendu telle décision ; ce n'est là que l'opinion de quelques-uns. Ce qu'il faut, c'est nous prouver que ces décisions sont en parfaite harmonie avec la loi. C'est ce que nos adversaires ne font pas.

Il existe un arrêt de cassation du 29 juillet 1864 qui a établi que « la séduction peut être con- » sidérée comme un quasi-délit susceptible de » servir de base à une action en dommages- » intérêts (art. 1382) ». Il est donc certain, dit M. Millet après avoir rapporté cet arrêt, qu'une femme peut demander des dommages-intérêts à l'homme qui l'a perdue[1].

La certitude de M. Millet résulte de cet arrêt de cassation dont il fait un article de loi. Malgré l'autorité de la Cour de cassation et le respect qui est dû à ses décisions, nous pensons qu'on ne doit pas les mettre au-dessus de la loi.

Il faut dire que dans le procès dont il s'agissait, le père de l'enfant s'était engagé par une correspondance et des promesses écrites indiscutables à payer les frais d'entretien et d'éducation de l'enfant, ce qui atténue l'illégalité de cette déci-

---

1. *La Séduction*, page 72. Pour plus de détails, voir la discussion de l'arrêt de la Cour de Bordeaux du 5 janvier 1848, rapporté à la IV⁰ partie du présent ouvrage.

sion, mais elle ne constitue pas moins une fausse application de l'art. 1382 et une violation de l'art. 340. C'est une question controversée que celle de savoir si les juges peuvent donner force exécutoire à l'obligation *naturelle* que prend un homme de nourrir un enfant naturel non reconnu [1]. (Dans le sens de l'affirmative : Cassation 24 mars 1845, Cours de Douai, 3 décembre 1853, de Grenoble, 3 janvier 1864. — Dans le sens de la négative : Cour de Paris, 22 juillet 1811; de Riom, 11 août 1846 ; Cassation, 2 février 1853 ; Cour de Besançon, 19 mars 1862). Donc, M. Millet ne peut prendre la jurisprudence comme un argument.

Mais revenons à l'arrêt de cassation du 26 juillet 1864 qui prête à l'art. 1382, un sens que le législateur n'a pas voulu lui donner.

Toullier, en commentant l'art. 1382, (titre IV, chap. II *du délit et quasi-délit*) expose dans les plus grands détails, tous les cas prévus par l'article 1382. On n'y rencontre nullement le cas de séduction ou le dommage causé par une grossesse.

Le législateur n'a pu, même en donnant à l'article 1382 un vaste champ d'application, vouloir

---

[1]. Voir la discussion de l'arrêt de la Cour de cassation du 24 mars 1845 rapporté à la IVe partie du présent ouvrage.

autoriser, à l'abri de cet article, la recherche ou la preuve de la paternité qu'il interdit dans l'article 340.

Aubry et Rau sur Zachariæ disent : « Il ressort du rapprochement des articles 334, 340 que toutes les fois qu'un enfant naturel prétend établir sa filiation paternelle autrement que par la production d'un acte authentique de reconnaissance, il y a recherche de paternité prohibée.

» La recherche de la paternité est interdite à toute personne indistinctement, quel que soit le but dans lequel on voudrait l'exercer.

» Il y a plus, la mère de l'enfant naturel ne pourrait, en se fondant sur la prétendue paternité de l'homme qu'elle accuserait de l'avoir séduite, former contre ce dernier une action en dommages-intérêts. »

M. Millet examine ensuite la question de savoir si la décision de justice qui accorde des dommages-intérêts à une fille mère et une pension pour son enfant, viole l'art. 340 qui interdit la recherche de la paternité.

Un arrêt de la Cour de Caen du 24 avril 1850, rapporté par M. Millet, déclare formellement qu'admettre une telle action serait violer l'article 340. Mais un arrêt du 10 juin 1850 de la même Cour, changeant brusquement de système, après avoir, dans le dispositif de son arrêt, présenté tous les éléments nécessaires pour établir la filiation de l'enfant en faveur duquel on demandait une pension, et après avoir dit que le fait est bien *constant* et qu'il est l'un des éléments des dommages dont la mère doit obtenir l'indemnité, ajoute que cette constatation ne viole pas l'article 340, et condamne le père.

Ainsi, dans cet arrêt, le juge commence par constater la filiation de l'enfant, et dit ensuite que ce qu'il vient de faire ne viole pas l'art. 340 ! Mais si, c'est violer l'art. 340, car cet article s'oppose non seulement à ce qu'on recherche la paternité, mais encore à ce qu'on en établisse aucune preuve authentique, lorsque le père n'a pas volontairement reconnu l'enfant.

Certes, les deux arrêts, dont il est ci-dessus parlé, qui accordent des dommages-intérêts à la mère d'un enfant naturel non reconnu, contre l'homme des œuvres duquel cet enfant est né, ne ne pourront jamais servir de base à un procès de réclamation d'état, car la preuve *authentique de la reconnaissance* de l'enfant ne s'y trouve pas, et c'est cette preuve que doit fournir le demandeur en réclamation d'état; mais ces arrêts contiennent expressément ou implicitement la preuve que tel jour un enfant est né de telle femme et de tel homme : c'est là une preuve prohibée par la loi.

La loi a voulu éviter qu'il existât une preuve authentique et ayant force juridique de la paternité naturelle. Elle l'a voulu, en interdisant aux officiers de l'état civil d'inscrire contre le gré du père, dans l'acte de naissance d'un enfant naturel, le nom du père de l'enfant, même si on le leur révèle; et si, malgré cette prohibition de la loi, l'officier de l'état civil inscrit le nom du père, la présence de ce nom n'a aucune valeur juridique ; à tel point que le père pourra, en obtenant du tribunal une autorisation, faire rayer son nom, et à peine de faux, l'officier de l'état civil ne devra pas délivrer d'extraits de cet acte de naissance avec le nom du père.

Mais les décisions de la justice, actes authentiques prouvant jusqu'à inscription de faux, contiennent cette preuve juridique, non pas de la *reconnaissance* volontaire ou forcée, mais de la *paternité naturelle*.

Certes, un tribunal n'autorisera pas une enquête qui aurait pour but *direct* d'établir que tel homme a eu tel enfant avec telle femme ; mais si la fille mère demande à un tribunal de condamner un homme, qu'elle prétend être père de son enfant, à des dommages-intérêts, si la paternité est déniée par celui qu'on poursuit, malgré cela, d'après la nouvelle jurisprudence, la demande sera admise, on condamnera le père prétendu ; on autorisera la demanderesse à prouver que le défendeur est bien le père de son enfant, car sans faire cette preuve, elle ne pourra gagner son procès, et si elle invoque subsidiairement l'art. 1382, elle ne pourra établir *le fait dommageable, la naissance de l'enfant,* qu'en prouvant qui en est l'auteur, — ce qui conduit à une recherche, à une preuve de la paternité naturelle.

Ce que l'officier de l'état civil aura refusé de faire, à savoir : constater d'une façon authentique, contre la volonté du père, la filiation naturelle de l'enfant, ce que la loi lui défend de faire, les juges le feront: ils relateront dans leur décision, non plus brièvement par la seule indication du nom, comme l'aurait pu faire l'acte de naissance, mais avec tous les détails plus ou moins scandaleux et diffamatoires qui auront précédé, accompagné et suivi la naissance de l'enfant et que la femme aura accumulés dans la procédure. Certains arrêts sont même d'une plus grande précision : ils rapportent le sexe de l'enfant et la date exacte de sa naissance, le nom du père, le nom de la mère. N'est-ce pas là une recherche, une preuve de la paternité ?

M. Demolombe a critiqué un arrêt de la Cour de Caen du 24 avril 1850, dont voici quelques considérants :

« La Cour...,
» Considérant que les juges, par l'avant-faire-
» droit qu'ils ont ordonné, ont basé l'action en
» dommages-intérêts sur le fait de la grossesse

» de la fille F..., attribuée à D..., qu'une pareille
» enquête pourrait donner plus tard ouverture à
» la recherche de la paternité et favoriser ainsi
» par des moyens indirects des demandes que la
» loi défend d'une manière directe et absolue....
» Par ces motifs, infirme... »

Voici les observations de M. Demolombe :

« Autre chose est la recherche de la paternité
» formée par l'*enfant* ou en son nom, afin de
» faire constater sa filiation et d'en obtenir les
» effets contre l'homme qu'il prétend être son
» père, — autre chose, l'action en dommages-
» intérêts formée par la *femme* pour la répara-
» tion du préjudice qui lui a été causé par un
» homme sur la foi d'une promesse de mariage
» dont il s'est joué ensuite. Tous les éléments de
» fait peuvent alors être pris en considération
» et par conséquent être admis en preuve, sans
» excepter le point de savoir si celui qui oppose
» à la femme sa grossesse pour l'abandonner *n'en*
» *est pas lui-même l'auteur*. Cette action a pour
» base l'art. 1382. »

Malgré tout le respect que nous avons pour
M. Demolombe, nous ne pouvons nous empêcher
de lui répondre qu'il ne suffit pas qu'il dise :
« *que cette action a pour base l'article* 1382 »
pour que nous le croyions : à notre avis, et il n'est
besoin que de lire sa dernière phrase : *le point
de savoir si celui qui oppose à la femme sa grossesse pour l'abandonner n'en n'est pas l'auteur,*

l'article 1382 ne parle pas de recherche de paternité, c'est l'article 340 qui en parle et il la prohibe.

M. Demolombe prétend qu'il ne s'agit que d'une simple question de dommages-intérêts, d'un fait de grossesse, de séduction et non d'une question d'état ; c'est vrai, mais pour condamner l'auteur de cette grossesse il faut *rechercher*, *prouver* qui en est l'auteur : c'est une question de recherche de paternité.

Nous ne pouvons d'ailleurs attacher une grande importance aux observations de M. Demolombe et nous espérons que l'on partagera notre avis, surtout lorsque nous aurons dit que M. Demolombe se contredit lui-même. En effet nous lisons (tome V, n° 426. M. Demolombe vise l'engagement pris par un homme de nourrir un enfant non reconnu): « La cause d'un pareil en-
» gagement, qu'on en convienne ou non, réside
» en réalité dans la paternité de celui qui le con-
» tracte, or cette paternité ne résulte légalement
» que d'une reconnaissance authentique. Si donc
» elle ne peut être juridiquement établie, l'obli-
» gation qui en découle manque de cause, puis-
» qu'en droit ce qui n'est pas prouvé est consi-
» déré comme n'existant pas et devient nul à ce
» titre. »

Nous lisons encore *(Traité de la paternité):*
« En dehors de l'exception d'enlèvement et de

» viol la règle de l'art. 340 est donc que la re-
» cherche de la paternité est interdite, règle fon-
» dée sur les considérations les plus puissantes
» d'ordre public et que réclame, suivant nous, plus
» que jamais peut-être aujourd'hui l'état actuel
» des mœurs de notre société.

» Aussi ne saurions-nous pour notre part adhé-
» rer aux efforts qui seraient faits pour l'ébran-
» ler. »

Nous omettons d'autres passages dans lesquels M. Demolombe est encore en contradiction avec lui-même ; ce que nous avons rapporté ci-dessus suffit pour enlever aux opinions de M. Demolombe, dans quelque sens qu'elles se produisent, leur force et leur valeur.

La séduction, dit ensuite M. Millet, entourée de manœuvres frauduleuses et qui devrait être considérée comme un délit, peut être assimilée *juridiquement* à l'extorsion de signature, à l'escroquerie, à l'abus de confiance [1].

Cet argument qui séduit au premier abord, ne peut se soutenir *juridiquement*.

Qu'est-ce, en effet, que l'extorsion de signature, l'escroquerie, l'abus de confiance ? Autant de *moyens*, pour le *voleur* d'arriver à se mettre en possession de *tout ou partie de la fortune d'autrui*.

---

1. *La Séduction*, pages 118-119.

Or, M. Millet a dit que la séduction n'était pas un vol. C'est être alors illogique que de vouloir appliquer à la *séduction* les peines du *vol*.

De plus, c'est une pétition de principe : vouloir prouver la séduction en disant que c'est un vol, n'est pas prouver la séduction, c'est résoudre la question par la question.

De l'extorsion de signature, de l'escroquerie, de l'abus de confiance, il existe toujours des écrits, des preuves palpables, faciles à chercher, à produire, à vérifier sans craindre le scandale, tandis que de la séduction, quelles preuves certaines peut-on avoir? En pareille matière, il y a toujours à craindre des révélations blessant la morale et les bonnes mœurs, comme la naissance d'un enfant naturel non reconnu ; or la recherche et la preuve de la paternité sont interdites!

M. Millet arrive à formuler sa conclusion : il veut deux réformes portant, l'une sur le Code pénal : il réclame une peine contre la séduction ; l'autre sur le Code civil : il réclame la recherche de la paternité au cas de séduction et de viol.

Nous avons répondu aux divers arguments qu'il a présentés à l'appui de sa thèse, et quant à admettre la recherche de la paternité au cas de viol, nous n'y voyons aucun inconvénient. La jurisprudence est habituée à étendre au viol ce que dit l'art. 340 sur l'enlèvement. Mais qu'on le sache bien ! Ce n'est pas à titre de *punition* que les tribunaux *peuvent* (ce n'est pas une obligation ; l'art. 340 dit :... pourra..., etc.) déclarer un homme père d'un enfant, car on ne peut infliger la paternité comme une peine ; les magistrats doivent se contenter de la reconnaître quand la loi le leur permet et quand leur conscience est complètement éclairée par des faits et des preuves irrécusables.

M. Jacquier, dans son ouvrage sur les preuves et la recherche de la paternité naturelle, après avoir parlé de la jurisprudence et du droit anciens, et après avoir fait l'historique de l'art. 340 du Code civil, nous dit que dès le principe, immédiatement après la promulgaton du Code, la question de savoir si la séduction donnait une action en dommages-intérêts se posa, et que la jurisprudence travailla à adoucir les rigueurs de l'art. 340.

Il est vrai que cette question se posa, mais elle fut résolue négativement. Nous avons montré[1] que loin *de travailler à adoucir les rigueurs de l'art*. 340, la jurisprudence, *dès le principe*, s'établit d'une façon décisive et rejeta toutes les demandes de dommages-intérêts comme contraires à l'art. 340. Cette jurisprudence, conforme à l'esprit et au texte de la loi, se maintint immuable pendant trente ans environ.

1. Voir arrêts cités dans la IIIe partie du présent ouvrage.

M. Jacquier ne demande pas, ainsi que M. Millet, une condamnation correctionnelle contre le séducteur, il pose en principe que la simple *séduction* sans grossesse peut donner lieu à une action en dommages-intérêts, et cela en vertu de l'article 1382.

Voilà un article bien commode ; tout le monde l'invoque ou lui prête une élasticité qu'il n'a pas. Juridiquement, M. Jacquier ne nous donne pas de moyens certains et légaux pour découvrir la *séduction* qui donnerait, d'après lui, lieu d'appliquer l'art. 1382.

M. Jacquier parle de la promesse de mariage que les séducteurs emploient comme moyen de séduction.

Nous lui répondrons : Admettre la promesse de mariage comme preuve, c'est lui reconnaître une valeur ; or, les principes de notre droit, le texte de la loi, la jurisprudence, sont unanimes pour refuser tout effet à une simple promesse de mariage.

Mais, dit M. Jacquier, si cette promesse de mariage, cette séduction, ces rapports intimes déterminés par la promesse de mariage ont causé à la fille un *préjudice*, comme, par exemple, une *grossesse*, voilà un élément grave de dommage, voilà un cas d'application de l'art. 1382. C'est un quasi-délit, la preuve est libre, art. 1348 C. civ.

M. Jacquier apporte à l'appui de son assertion l'autorité d'arrêts assez nombreux qui ont admis

7.

son système; mais s'il existe des arrêts en sa faveur, il en existe aussi qui condamnent son système; donc il ne peut se faire un argument d'une jurisprudence qui a subi tant de variations et reçu tant d'attaques. Ce que nous voudrions lui voir apporter, ce sont des arguments juridiques! Il n'en donne aucun, parce qu'il n'en trouve pas, parce qu'il n'y en a pas. M. Jacquier reconnaît que lorsque, après séduction, promesse de mariage, un enfant est né des relations de la jeune fille avec celui qu'elle prétend être son séducteur, on se trouve devant une *difficulté sérieuse*, l'art. 340.

En effet, dit-il, « prouver qu'une femme est
» devenue enceinte des œuvres d'un individu dé-
» terminé, c'est aboutir à une recherche de pater-
» nité prohibée; » mais M. Jacquier croit trouver moyen de tourner cette difficulté : « Dans cer-
» tains cas, le séducteur se sera formellement
» engagé à nourrir l'enfant : une lettre, une re-
» connaissance sous seing privé, porteront la
» trace de l'engagement. Nous ne croyons pas
» qu'il soit sérieusement possible d'en contester
» la validité. Ce que dans ce cas on demande à
» prouver, ce n'est pas la filiation de l'enfant ni
» la paternité du séducteur, c'est l'obligation
» contractée... C'est une simple question d'exé-
» cution de contrat. De plus, au cas de pater-
» nité légalement établie, l'obligation de fournir
» les aliments découle de la loi, et l'engagement

» de nourrir l'enfant, absolument légal en droit,
» n'est que l'accomplissement d'une obligation
» naturelle. Qu'on suppose un débat judiciaire.
» L'enfant ou sa mère n'auront qu'une chose à
» établir : non pas telle ou telle filiation, mais
» seulement si celui qui fait l'objet de la pour-
» suite a contracté l'obligation dont on réclame
» l'exécution, librement et croyant être le père de
» l'enfant. Dans ce cas, l'art. 340 reste absolument
» hors de cause. »

Les aliments sont une dette dérivant du droit naturel, mais cette dette n'est imposée qu'au père, elle ne peut l'être à des étrangers. Quel est le père? Pour les enfants légitimes c'est celui que le mariage démontre, pour les enfants naturels, c'est celui qui s'est reconnu lui-même dans un acte authentique. Hors de là, il n'y a plus de père aux yeux de la loi.

Regarder l'acte sous-seing privé comme une reconnaissance quand la loi exige un acte authentique, c'est renverser de fond en comble la disposition qui prescrit l'acte authentique, c'est mettre sa volonté à la place de la loi, c'est surtout renouveler tous les abus et tous les dangers que la loi a voulu prévenir [1].

Son intention, en prescrivant une formalité aussi essentielle, ne peut pas être douteuse, elle

---

1. Voir IV° partie, la discussion de l'arrêt de la cour de cassation du 24 mars 1845, et de la cour de Bordeaux du 4 août 1848.

a été de briser un instant les fers de celui qui se trouve asservi par la plus impérieuse des passions, de s'assurer que sa volonté est libre, que sa raison est calme, qu'il voit clairement ce qu'il fait. Ces précautions, la loi les a prises pour autoriser le don de la plus petite parcelle de bien de l'homme le plus opulent. Comment les aurait-elle négligées quand il s'agit non pas de donner une petite portion de bien, mais de donner son nom, et une part des revenus qui souvent ne suffisent pas à celui qui les possède, de faire participer à son sort et d'associer en quelque sorte à son être tout entier celui qui y est le plus étranger?

S'il fallait chercher ailleurs que dans les termes si clairs et si précis de l'art. 334 la véritable volonté du législateur, nous trouverions sa volonté expliquée de la manière la plus précise par l'article 383.

Cet article est celui qui rend commun aux pères des enfants naturels les droits de surveillance et de répression que le titre IX concernant la puissance paternelle accorde aux pères des enfants légitimes. Il n'est pas douteux que si la législation avait voulu imposer des devoirs quelconques à ceux qui auraient avoué leur paternité dans des écrits sous seing privé, il les eût appelés à exercer les droits les plus importants et les plus nécessaires peut-être que puisse commander la paternité.

DE LA PATERNITÉ.

La paternité se compose de droits et de devoirs ; dès que les droits sont refusés, les devoirs sont éteints.

L'art. 334, ni aucun autre avant ou après lui, n'établit pour les enfants naturels deux manières de prouver leur filiation, l'une pour avoir droit à des aliments, l'autre pour exercer les droits indiqués à l'art. 756. Il n'y en a qu'une indiquée et permise, c'est la reconnaissance par acte authentique pour avoir droit à des aliments comme pour exercer le droit de créance sur la succession de leurs père et mère.

De plus, la reconnaissance d'enfant et la promesse de fournir des aliments se tiennent si étroitement dans l'espèce qu'il nous paraît impossible de les séparer : si la première est nulle, la seconde l'est également. C'est ainsi que croyant éviter l'art. 340, M. Jacquier tombe dans l'art. 334.

Voyons maintenant s'il ne se heurte pas aussi à l'article 340. En effet :

C'est en qualité de père que l'engagement sous seing-privé aura été contracté, puisque M. Jacquier suppose lui-même que l'acte sous seing privé contient une *reconnaissance* et un engagement de nourrir l'enfant : or, le tribunal qui admettrait la mère à prouver, à l'aide de cet acte, l'obligation contractée par le père, admettrait par cela même, la recherche, la *preuve* de la paternité, puisque pour prouver l'obligation, la mère produirait l'acte qui contient la reconnaissance et l'engagement de nourrir. Les énonciations contenues dans cet acte sont indivisibles, il faut ou les rejeter toutes les deux ou les admettre toutes les deux, c'est dans ce dernier cas qu'on viole l'art. 340.

L'obligation naturelle qu'on veut faire résulter de l'aveu libre et du tort reconnu (en supposant cet aveu aussi libre que possible) quel effet peut-elle produire aux yeux de la loi, quand elle n'est prouvée que par un titre sous seing privé que la justice doit écarter ? ces dettes naturelles, la justice distributive ne peut forcer à les acquitter.

Plus loin, M. Jacquier cite plusieurs arrêts dont il tire la conséquence suivante :

« Même en dehors d'un engagement écrit, la
» mère peut encore se faire indemniser par le
» séducteur à raison de sa grossesse, sous la
» condition d'observer la plus grande réserve et
» de respecter absolument l'article 340 dans les
» termes de sa demande et dans tous les actes de
» la procédure. »

Contentons-nous de répondre à M. Jacquier que ces arrêts ne peuvent être invoqués par lui d'une façon sérieuse : pour qu'il le puisse, il faudrait citer les arrêts contraires et les réfuter, c'est ce qu'il ne fait pas.

Les sages et prudentes recommandations qu'il donne à la mère vis-à-vis de l'art. 340, montrent qu'il sait bien qu'il est dangereux de s'aventurer dans ces parages. Malgré ces recommandations et quelque habiles que soient les termes de la demande, quelque châtiée que soit la procédure, les périphrases qu'on emploiera n'empêcheront pas de violer l'art. 340. *On admettra les choses en écartant les mots. (Revue critique de jurisprudence,* T. I, page 150.)

M. Jacquier s'élève contre la rigueur de notre code envers les enfants naturels, et c'est dans cette partie de son ouvrage que l'on voit poindre l'intention de réformes dont il puise les nécessités dans les législations étrangères plus encore que dans des considérations sur la société française. C'est ici l'occasion de lui répondre par l'adage: *Dura lex, sed lex,* et de plus, que le Code civil et l'ensemble de notre législation ont eu pour but de favoriser le mariage. Nous retrouvons cette idée, qui plane au-dessus de notre droit, clairement exprimée dans un très grand nombre de dispositions, notamment celles concernant la filiation, le mariage, les donations, le contrat de mariage, etc... Or, le législateur, en favorisant le mariage et les enfants légitimes, est obligé, par contre, de voir avec défaveur les enfants naturels; disons cependant que la reconnaissance et l'adoption leur sont ouvertes et que la recherche de la maternité leur est accordée. M. Delvincourt nous appuie de son autorité:

« Il faut bien se pénétrer d'un principe qu'on a

» continuellement perdu de vue dans l'examen
» des questions relatives aux enfants naturels.
» C'est que les dispositions rigoureuses qui les
» concernent n'ont pu être établies en haine de
» ces mêmes enfants. Autrement il faudrait
» accuser tous les législateurs anciens et mo-
» dernes de l'injustice la plus criante : car
» comment pourrait-on punir de malheureux
» enfants de la faute qui a présidé à leur nais-
» sance ? Ces dispositions sont fondées sur ce que
» cette faute est une de celles que, dans la plupart
» des cas, il est difficile, pour ne pas dire impos-
» sible, de punir. Les dispositions concernant les
» enfants naturels sont établies non *in odium*
» *eorum, sed in odium parentum et in favorem*
» *matrimonii* [1]. »

M. Morelot, dans son traité sur la reconnaissance des enfants illégitimes soutient les mêmes
opinions que M. Jacquier ; il émet l'avis qu'une
réforme portant sur la filiation des enfants naturels est nécessaire, mais il ne formule pas par un
énoncé de texte de loi, dans quels termes cette
réforme devrait être faite.

M. Acollas, dans son *Traité sur les droits de
l'enfant*, va plus loin encore : sa proposition aurait

---

1. Delvincourt, *Cours du Code civil*, t. I, p. 233.

pour effet d'opérer une révolution non seulement dans le Code, mais encore dans la société actuelle tout entière. Il voudrait qu'on revînt au droit intermédiaire qui ne faisait aucune différence entre les enfants légitimes et les enfants naturels, quant à leur état dans la société et quant à leurs droits civils et de famille.

Ce sont des utopies qui, au lieu d'atteindre le but louable en soi de chercher à protéger les enfants naturels, le dépassent.

Après avoir parlé des infanticides, des avortements, des abandons d'enfants, sur lesquels il donne des statistiques qu'il prétend éloquentes, M. Jacquier arrive à émettre un vœu : « La pos- » sibilité pour la mère et pour l'enfant naturel » de rechercher le père serait une réforme mora- » lisatrice! » Apporte-t-il de sérieux arguments, des raisons décisives? non; il se contente de répondre aux objections qu'on pourra faire. M. Jacquier oublie qu'en logique avant la réfutation vient l'argumentation.

Mais peu importe; il arrive à une proposition de loi comme M. Millet. Nous ne la discuterons pas en détail, nous réservant de discuter le projet de loi officiel, résumé des diverses motions qui ont été faites. Quelques mots seulement sur l'ensemble du projet de loi de M. Jacquier :

D'abord il admet la reconnaissance sous seing privé comme valable, la preuve et la recherche de la paternité à l'aide de la possession d'état, d'indices graves, de correspondances et même du serment de la fille mère, comme le président Fabre et l'ordonnance de 1559.

M. Stéphane Berge, dans la *Revue générale du droit et de la législation* [1], dit en parlant du serment et de l'amende :

« Mais qui ne voit que la grandeur du but à
» poursuivre ne ferait pas reculer devant la ré-
» pression celui qui n'aurait rien à perdre? Qui ne
» sent qu'une fille perdue n'hésiterait pas à prê-
» ter un faux serment? De tels moyens, efficaces
» contre d'honnêtes gens, n'ont aucune force
» contre ceux qui sont sans moralité. Quant à
» l'amende, si elle est faible, elle n'est pas une
» garantie; si elle est forte, elle rend impossible
» la recherche de la paternité à ceux qui n'ont
» rien. »

Il est facile de voir quelle perturbation M. Jacquier voudrait apporter dans notre Code : le titre sur la filiation complètement bouleversé, les principes généraux de notre droit sur les *preuves* anéantis! M. Jacquier s'effraie pourtant un peu des conséquences que ses réformes pourraient avoir dans certains cas; il admet « que toute ac-
» tion en recherche de paternité naturelle qui se-
» rait écartée par les tribunaux pourrait donner
» lieu contre son auteur à une poursuite en *ca-*

---

[1] 4e livraison, juillet-août 1878, page 424.

» *lomnie* qui aboutirait à une condamnation sé-
» vère ».

Cette consolation accordée à celui qui aurait été poursuivi à tort, ce remède est pire que le mal, car c'est accroître le nombre des procès scandaleux ; ce n'est pas une condamnation plus ou moins sévère contre le calomniateur, qui étouffera le scandale qu'aura produit le procès en séduction ou en recherche de paternité; et cette poursuite en calomnie, le calomnié ne l'intentera pas, préférant le silence qui calme les rumeurs à la curiosité excitée par la réédition du procès !

M. Jacquier termine en donnant quelques conseils aux juges auxquels il attribue le souverain pouvoir d'admettre ou de refuser les moyens de preuves qui leur seraient offerts en matière de recherche de paternité. Voilà où en arrive l'auteur de ce livre dans lequel nous avons vainement cherché un argument sérieux auquel nous aurions essayé de répondre, à laisser aux juges l'appréciation la plus large des circonstances de fait, des indices, alors qu'en cette matière délicate de la filiation, de la séduction, de la recherche de la paternité et des droits qui en découlent, les moyens de preuve, au lieu d'être à la faveur des tribunaux, ne doivent dépendre que de la loi.

Dans un ouvrage qui a pour titre : *Histoire et critique des règles sur la preuve de la filiation naturelle en droit français et étranger*, M. Baret a envisagé quelques questions que soulève l'article 340 et s'est fait aussi le promoteur de quelques réformes. Ce sont ces deux points que nous étudierons spécialement. Le reste de son ouvrage n'est que l'exposé des principes généraux sur la *filiation* avec l'indication très complète d'ailleurs des sources et des auteurs. Il remonte à l'ancien droit, relate la législation ancienne, la jurisprudence des Parlements, étudie les travaux préparatoires du Code et arrive à la législation moderne. Il s'étend sur le droit étranger. Cette étude est très sérieuse, très détaillée, mais elle n'a pas pour nous un intérêt direct et ne se rattache pas d'assez près à l'art. 340 pour que nous nous en occupions.

M. Baret constate qu'une jurisprudence assez récente accorde aux filles devenues mères des dommages-intérêts contre le séducteur. « La ju-
» risprudence, dit-il, est un excellent guide dans
» la recherche des points sujets à réforme ; mais
» les expédients dont elle use pour donner satis-
» faction aux besoins de la pratique sont parfois
» singuliers.

» Prouver que tel homme a rendu telle femme
» enceinte, c'est prouver qu'il est le père de l'en-
» fant dont elle est enceinte. On aura beau jouer
» sur les mots, on ne changera pas les choses :
» l'auteur de la grossesse est le père de l'enfant,
» et si je cherche l'auteur de la grossesse, je

» recherche la paternité, ce qui est défendu. »

M. Baret, parlant de l'arrêt du 26 juillet 1864 de la Cour de cassation, ainsi motivé : « ... At-
» tendu que l'arrêt attaqué, loin d'autoriser la re-
» cherche de la paternité, a déclaré formellement,
» au contraire, que cette recherche était prohibée
» par la loi..., » ajoute : « Il l'a déclaré ! Je le crois
» bien ; on le dit, on le proclame, on proteste de
» son respect pour la loi, mais on la viole sans
» scrupule. Quand on voit les tribunaux, sous
» l'empire des besoins de la pratique, désobéir si
» ouvertement à la loi, c'est une preuve sûre
» qu'elle n'est pas bonne et qu'il faut la modi-
» fier.... »

M. Baret reconnaît ouvertement que la jurisprudence actuelle viole l'art. 340 ; il diffère en cela de M. Millet, qui prétend que cette jurisprudence est conforme au Code, et de M. Jacquier, qui n'ose pas donner son opinion, pose la question sans la résoudre, et reste entre MM. Millet et Baret.

Ce dernier aussi arrive à proposer une réforme portant non plus, comme M. Millet, sur le Code pénal et le Code civil ; il ne demande pas non plus, comme M. Jacquier, que la reconnaissance sous seing privé ait force de loi, que toutes les preuves soient admises à l'appui d'une demande en recherche de paternité pour cause de séduction, abandon, inexécution de promesse de mariage ; il demande seulement la recherche de la paternité pour admettre les demandes en dommages-intérêts pour la mère dans le cas d'inexécution de promesse de mariage et s'il y a commencement de preuve par écrit émané du séducteur. Voici comment il expose sa prétention :

« Dans le cas d'enlèvement et dans le cas de
» viol, il n'y a point de calcul possible ; donc il
» faut autoriser la recherche. Il y a même un troi-
» sième cas où elle peut l'être sans danger, c'est
» le cas de séduction par promesse de mariage,
» à la condition qu'il existe un commencement
» de preuve par écrit de la séduction et de la pro-
» messe de mariage.

» Développons cette proposition.

» La promesse de mariage employée pour sé-
» duire une fille prouve son honnêteté. C'est un
» fait très dangereux et très coupable; enfin si
» la promesse de mariage a été faite, c'est que le
» mariage n'est pas impossible; la menace de l'ac-
» tion pourrait donc amener le mariage et l'enfant
» naîtrait légitime. Mais comment se prouvera la
» promesse de mariage ? Par témoins ; admettre
» cette preuve *de plano* serait une grave impru-
» dence, mais s'il y a un commencement de
» preuve par écrit émané du séducteur, tout danger
» disparaît. Toutefois, la preuve de la promesse
» de mariage étant ainsi faite il y aurait une
» imprudence non moins grave à permettre *de*
» *plano* la preuve de la séduction. Supposez qu'on
» ait promis le mariage à une fille et puis que,

» découvrant sa mauvaise conduite, on se retire :
» la fille par vengeance inventera une séduction,
» et elle la prouvera avec l'aide de témoins com-
» plaisants. Mais s'il y avait un commencement
» de preuve par écrit de la séduction (et ce sera
» presque toujours celui-là même qui révèle la
» promesse de mariage employée pour séduire),
» cette intrigue ne serait plus possible.

» Quant aux indices graves, ils seraient par la
» nature des choses trop équivoques en pareille
» matière pour remplacer le commencement de
» preuve par écrit.

» Telles sont les exceptions qui paraissent
» pouvoir être faites au principe qui interdit la
» recherche de la paternité. Nous avons cherché
» vainement à les étendre davantage, toujours
» apparaît le danger qu'il faut éviter à tout prix,
» le danger de favoriser la corruption des femmes.
» (Quand la fille séduite a moins de 16 ans par
» exemple, il n'y a guère à craindre de sa part un
» calcul; mais les parents pour faire sa fortune
» peuvent l'exposer à la séduction ou même la
» livrer au premier venu et faire argent de sa
» grossesse); au reste s'il était quelque hypothèse
» que nous n'aurions pas aperçue, où la recherche
» de la paternité n'aurait pas le résultat dan-
» gereux que nous craignons, nous l'ajouterions
» bien volontiers à la liste de nos exceptions. Mais
» ce que nous ne pourrions comprendre, c'est qu'un
» législateur conséquent avec lui-même laissât

» les tribunaux accorder aux filles séduites des
» dommages-intérêts alors que la recherche de la
» paternité est impossible; c'est une pratique
» pleine de scandales et de dangers. »

Quoique M. Baret conclue à l'admission de la recherche de la paternité en cas d'inexécution de promesse de mariage, il soutient avec nous une grande partie de notre système ; mais qu'on ne croie pas que, parce qu'il se joint à nous sous quelques points de vue, nous adoptions son projet de réforme qui, bien que moins complexe que celui de nos autres adversaires, ne prête pas moins à de vives critiques :

M. Baret dit que lorsqu'une promesse de mariage a été faite, c'est que le mariage n'ést pas impossible, que la menace de l'action en dommages-intérêts pour inexécution de la promesse pourrait amener le mariage!

Admettre une pareille idée c'est reconnaître un effet aux promesses de mariage qui d'après notre droit sont nulles, et ne peuvent être une cause d'obligation d'aucune sorte, c'est violer le principe de la liberté illimitée que les futurs époux doivent avoir au moment de contracter mariage. Faire contracter mariage sous la pression *et la menace de l'action en dommages-intérêts,* c'est vicier le consentement ; c'est revenir à l'ordonnance de 1559.

L'auteur dit que s'il y a eu promesse de mariage et qu'il existe un commencement de preuve par écrit émané du séducteur *tout danger disparaît*[1]. Nous ne le croyons pas: M. Baret ne prévoit pas le cas, qui pourrait se présenter, où cette preuve écrite serait falsifiée et contestée par celui auquel on l'opposerait. Alors ce seraient des vérifications d'écritures, des expertises, des débats sans fin que la loi a voulu éviter en n'accordant une force, dans toutes les questions qui intéressent la filiation, l'état des personnes, qu'aux actes authentiques.

M. Baret va plus loin encore. Il prétend qu'à l'aide d'un commencement de preuve par écrit constatant la promesse de mariage, la recherche de la paternité sera autorisée même dans le cas où l'homme aurait refusé d'exécuter la promesse de mariage parce qu'il aurait *découvert la mauvaise conduite* de la fille. Ainsi la fille pourrait rechercher la paternité de son enfant contre un homme qui lui aurait promis mariage et qui se serait retiré parce qu'il aurait eu la preuve que celle dont il voulait faire sa femme aurait eu des rapports avec d'autres hommes. Elle le pourrait parce qu'elle aurait entre les mains une preuve écrite de la promesse. Ici il ne s'agit plus de discuter la valeur de la promesse de mariage, qu'il nous suffise de répondre à M. Baret qu'admettre la recherche de la paternité quand une

---

[1]. Baret, p. 166, 167.

fille a eu des rapports avec plusieurs individus c'est revenir aux arrêts de Parlement de 1626, 1661 [1] que M. Baret a lui-même cités en les critiquant.

1. Voir Ire partie, arrêts des Parlements.

VI

Proposition de loi déposée au Sénat par MM. Bérenger, de Belcastel, Foucher de Careil, Schœlcher. — Exposé des motifs. — Réfutation.

L'exposé des motifs pose comme un fait incontestable, qui lui sert de point de départ, le dérèglement des mœurs contemporaines ; il s'appuie pour prouver cette assertion, sur les statistiques qui ne remontent pas bien haut, et surtout sur la littérature, le miroir des mœurs, nous dit-il. Il nous a pris fantaisie de nous demander si ce dernier mode de preuve est aussi concluant qu'on le croit ; puis si le fait lui-même, le fait évident, qu'on se sent néanmoins obligé de prouver, est indiscutable, lui aussi. Nous communiquerons nos doutes au lecteur, ne croyant pas faire véritablement une digression. Cette courte étude se rattache d'une façon naturelle à notre sujet, car il n'est pas inutile, avant de discuter le projet de loi, de voir si la base en est inébranlable et de poser ces questions : la littérature est-elle le miroir de la société ? et la société est-elle aujourd'hui plus corrompue qu'autrefois ?

On l'a assez répété de nos jours : on ne demande pas au livre une leçon, mais une distraction ; la littérature n'a qu'un but : l'amusement du public, et qu'une règle : la nécessité de plaire. Molière, déjà, dans la *Critique de l'école des femmes*, et Corneille, dans ses *Discours* l'affirmaient énergiquement, en dépit des règles qu'on prête à Aristote. L'écrivain qui veut plaire et non instruire se sert de son imagination et s'adresse à notre imagination : voilà pourquoi la littérature a de brusques revirements, tandis que les mœurs restent stables ; elle est mobile comme la mode et comme notre esprit ; c'est un objet de luxe et non un objet de science ; elle peint l'état de notre imagination et non l'état de la société.

Mais nous avons aujourd'hui, nous objectera-t-on, une littérature nouvelle qui collectionne des documents humains. Nous ne dirons pas que cette littérature qui s'intitule naturaliste exprime des idées qui ne sont pas celles de notre société, car elle exprime le moins d'idées possible ; elle veut exclure de ses œuvres les pensées et les sentiments, et elle y réussit tout à fait. Est-elle, par là même, le miroir de la société ? C'est sa prétention, mais les nouveaux partisans de cette école soutenue par du talent et des succès, ramassent à peine quelques débris de ce miroir qu'ils ont brisé en mille miettes. Ils n'ont appliqué leur appareil photographique qu'à la reproduction des ivrognes et des filles ; ils ne peignent pas la société ; ils en explorent les bas-fonds. Comme tous les représentants de l'école réaliste, ils ne mettent en lumière que les côtés laids de leurs modèles. On nous montre les salons tapageurs ou les cabarets, et presque jamais le foyer, l'intérieur de la famille, les détails et les mœurs moyennes et honnêtes que nous voyons autour de nous. Il faut un régal moins fade pour notre goût blâsé ; il faut plaire à notre imagination, ou du moins l'étonner, la surprendre, exciter la curiosité à défaut de la sympathie. La littérature idéaliste nous présente le beau, la littérature réaliste insiste sur le laid : aucune des deux ne s'attache au vrai. On nous montre les deux extrémités d'une chaîne, dont on néglige tous les anneaux intermédiaires, parce qu'ils sont trop connus de nous et que le spectacle en serait trop banal.

La littérature naturaliste reproduit-elle exactement l'image d'une partie au moins de la société ? Elle reproduit le costume plutôt que les idées, les individus plutôt que les types, les vices plutôt que les mœurs. Quand le moraliste s'efface, quand le penseur disparaît, on ne s'attache plus qu'aux descriptions extérieures, on ne prend que des traits particuliers, accidentels, exceptionnels. M. Zola, dans l'*Assommoir*, a peint quelques ouvriers parisiens; il n'a peint rien de plus que quelques ouvriers parisiens. Il y a bien d'autres types que ceux qu'il a décrits. Il y en a à Paris, il y en a dans d'autres villes avec des caractères différents. Il a peint une infime minorité.

Il est arrivé à frapper notre imagination par des moyens spéciaux, mais sans échapper à la loi qui s'impose aux auteurs ; écrivant pour nous amuser, ils recourent à des exceptions.

Nous admettrons, si l'on veut, qu'il y a des écrivains qui peignent une partie de la société ; nous avons eu autrefois Molière, dans quelques-unes de ses comédies. Aujourd'hui, nous en avons peut-être encore quelques-uns, et ce sont des exceptions qui confirment la règle. En tous cas, la littérature, prise dans son ensemble, si elle offre quelques éléments de peinture, n'est pas le miroir de la société. Si l'on veut nous connaître, ce n'est pas à elle qu'il faut s'adresser : son immoralité ne prouverait pas l'immoralité de nos mœurs.

Cette immoralité, d'ailleurs, qu'on nous reproche sans cesse, est-elle aussi réelle qu'on le prétend ? Est-elle plus grande que celle des temps passés ? Le projet de loi que nous combattons fait lui-même allusion à la facilité des mœurs du Directoire, et nous ne croyons pas que sur ce point nous ayons enchéri sur les exemples qui nous ont été donnés par le commencement du siècle. Nous savons bien que tous les moralistes de tous les temps ont poussé sur la perversité de leur époque des cris de désespoir, disant que le mal était au comble et ne pouvait aller plus loin. Mais les mêmes moralistes prétendaient en même temps que le mal était moins grand autrefois, et c'est ce qui nous rassure : il viendra plus tard d'autres hommes qui parleront comme eux, et nos neveux nous décerneront un brevet de moralité.

Nous pourrions insister sur cette idée ; qu'il nous suffise de dire qu'on n'a pas à nous jeter la pierre au nom de nos ancêtres, et pourtant l'art. 340 n'existait pas autrefois! Mais Salomon nous l'a dit : il n'y a rien de nouveau sous le soleil. Si la vertu est depuis longtemps sur la terre, le vice n'y est pas non plus de fraîche date, et en cette matière, l'humanité tournera éternellement dans le même cercle.

Nous lisons dans l'Exposé des motifs[1] « que de-
» puis longtemps on a entrepris l'examen de nos
» lois sur l'organisation civile de la famille, et
» que cet examen a presque unanimement con-
» duit ceux qui s'y sont livrés à la conclusion
» que c'était le principe de l'interdiction de la
» recherche de la paternité qui était la cause la
» plus réelle, la plus funeste, la plus grave de
» l'immoralité et de la dépravation des mœurs. »

On oublie donc que l'art. 340 fut adopté justement pour restreindre l'immoralité des femmes, car la règle *Creditur virgini...* encourageait les filles à se livrer au premier venu, sachant qu'elles pourraient recourir contre celui qu'elles prétendraient être le père de leur enfant. L'art. 340 a été

---

[1]. Voir *Exposé des motifs*, reproduit à la fin du volume.

fait pour retenir les femmes dans la bonne conduite, pour les encourager à résister aux attaques des hommes, ou mieux encore, pour les empêcher de provoquer ceux-ci, de les attirer habilement à l'aide de leurs charmes.

Si les filles sont débauchées et ne résistent pas à l'attrait de l'amour, lorsque l'art. 340 existe et qu'elles savent qu'elles ne pourront rien contre celui auquel elles s'abandonnent, elles résisteront bien moins, et elles seront, au contraire, plus provoquantes, lorsqu'elles sauront que la recherche de la paternité n'est plus défendue.

Les mœurs étaient-elles moins dissolues que maintenant, avant la loi du 12 brumaire an II, bien que la recherche fût permise? Nullement. Il suffit de remonter aux procès jugés par les Parlements pour voir que, dans presque tous les cas, la paternité était douteuse, incertaine, et que la demanderesse n'était presque jamais une fille d'une moralité bien sérieuse. Et à quel résultat arrivait-on?... à condamner quatre hommes qui avaient eu des rapports avec une fille, à se charger, en qualité de pères solidaires, de l'enfant qu'elle avait eu !

Et on appelle cela la *séduction!* Voilà un mot qu'on répète et qui est invoqué à chaque instant par nos adversaires sans être expliqué d'une façon précise. La séduction, dit-on, c'est un ensemble de manœuvres dolosives... c'est une contrainte morale.... c'est *quelque chose* comme l'extorsion de signature, l'abus de confiance, pour arriver à surprendre le consentement de la femme à des rapports intimes. C'est insuffisant ; la loi ne peut reconnaître et sanctionner une prétention aussi grave et dont les conséquences peuvent être si importantes, que lorsqu'elle est définie parfaitement, lorsqu'aucune équivoque n'est possible, lorsqu'on peut prévoir jusqu'où elle conduira et où on pourra l'arrêter : c'est ce qu'on ne peut faire pour la *séduction;* à notre avis, la séduction proprement dite n'existe pas en dehors de la violence ; la violence seule exclut toute idée de consentement. La prétendue séduction suppose au contraire un consentement, le vague qui réside dans la définition de la séduction n'existe pas pour la violence. Cela est si vrai que dans tous les procès en séduction qui ont été suivis de décisions favorables à la demande, quels sont les motifs qui le plus souvent ont inspiré la décision du juge ? Des *promesses* soit de *mariage,* soit *d'aliments.* Voit-on des faits de séduction bien caractérisés ? Non. — Les juges ont alors admis qu'une promesse de mariage ou d'entretien, faite plus ou moins légèrement par un homme, pouvait être jugée suffisante pour excuser une fille de la perte de son honneur ! Nous ne sommes pas de cet avis ! Une fille honnête, chaste et vertueuse ne doit devenir *femme* qu'après être devenue *épouse.* En dehors de cela, la fille qui s'est donnée n'est pas honnête, elle n'a pas le droit d'invoquer la séduction. Elle a fait une *faute,* dit le monde avec mépris. Elle a consenti à une *fornication illégitime,* dit le juricsonsulte moins sévère, et dans les deux cas, *faute* et *consentement* excluent toute idée de *séduction.*

Nous lisons dans l'Exposé des motifs ces lignes de M. Lacointa qui, à notre avis, sont empreintes d'une grande exagération :

« N'y a-t-il pas dans l'article 340 une des cau» ses indéniables de notre décadence, des malheurs » publics, des plus épouvantables désastres ? »

A en croire M. Lacointa, si l'on rétablissait la recherche de la paternité, il n'y aurait plus de séductions, plus d'avortements, plus d'infanticides? En un mot, ce serait la panacée universelle ! Qu'on se détrompe ! Non, ce n'est pas l'art. 340 qui est la cause de tous nos maux.

« L'immoralité, le libertinage et toutes ses sui» tes déplorables sont le résultat des conditions » économiques et morales dans lesquelles nous » vivons; l'augmentation du luxe et du prix des » choses, le développement de l'industrie et du » travail hors de la famille, la facilité des com» munications, peuvent être comptés parmi les » causes économiques les plus favorables à l'im» moralité publique ; on peut indiquer la diffusion » de certaines doctrines subversives, et l'affaisse» ment des idées religieuses, parmi les causes » morales les plus puissantes. Il serait impossible

» dé déterminer la part du mal causée effective-
» ment par l'interdiction de la recherche de la
» paternité au milieu de tant de circonstances
» qui concourent à un même effet [1]. »

L'Exposé des motifs demande ensuite pourquoi le Code a refusé de sanctionner le devoir du père de nourrir son enfant, *devoir naturel,* dit l'exposé : mais le code l'a refusé justement parce qu'aux yeux de la loi, il n'y a pas de père ; donc l'obligation peut être naturelle, elle ne doit pas être civile. Elle dépend de la morale, et non de la loi.

« *Qui fait l'enfant doit le nourrir,* » disait Loysel, mais c'est là la délicate question de savoir *qui a fait* l'enfant. Dire : *qui fait l'enfant doit le nourrir* c'est résoudre la question par la question. Si l'Exposé des motifs se met en frais de citations, nous lui pourrons répondre : *Partûs ventrem sequitur.*

« Pourquoi, lisons-nous dans l'Exposé des
» motifs, n'avoir attribué les effets de la recon-
» naissance qu'à l'acte en forme authentique ? »

On comprend facilement cette préférence de la loi pour la forme authentique et l'exclusion en une matière si importante des actes sous seing privé.

Les solennités de l'acte authentique ont quel-

---

[1]. *Revue générale du droit et de la législation,* 4º livraison, juillet-août 1878.

que chose de grave et d'imposant qui, en appelant l'attention des parties, leur fait comprendre l'importance de l'acte qu'elles vont faire. Point de surprise, point de violence à craindre. La présence de l'officier public assure l'entière et pleine liberté des parties. Les actes sous seing privé, au contraire, se font sous le manteau de la cheminée, entre les parties et sans témoins. Rien ne protège alors ceux qui les font contre les surprises, les entraînements, la captation ou la suggestion; leur nature même les rend suspects : par le seul fait qu'une reconnaissance est sous-seing privé, elle est sujette à vérification, et cette vérification serait une recherche de la paternité qui est interdite. Voulez-vous ôter cette barrière insurmontable que la loi a voulu opposer au danger des preuves dont elle se défie parce qu'elles sont suspectes de leur nature? vous empêcherez sans doute un petit nombre d'injustices particulières, mais quel torrent de maux vous introduirez, et quel vaste champ vous ouvrirez à la mauvaise foi !

Selon les promoteurs de la réforme, la loi, dans l'art. 340, dirait à l'homme : « Tu peux t'aban-
» donner à tes caprices, multiplier tes fantaisies;
» eusses-tu donné le jour à un être formé de ton
» sang, je t'absous de ton indignité, je supprime
» pour toi le devoir et je t'affranchis des consé-
» quences de tes fautes. »

Non, la loi ne dit pas cela, et c'est laisser croire

qu'un parti pris regrettable a dicté ces paroles, que l'idée personnelle et le désir de la voir triompher a faussé le jugement ! La loi dans l'article 340, ne parle pas à l'homme principalement, elle parle surtout à la femme. Elle pose en principe que l'immoralité de la femme est un plus grand malheur pour la société que celle de l'homme, elle recommande à la femme la réserve, la résistance. Elle lui dit que le premier bien de la femme est la vertu et l'honneur, qu'elle ne sera protégée que si elle a défendu son honneur énergiquement de toutes ses forces morales et physiques, que céder à des sollicitations plus ou moins galantes, plus ou moins *séductrices,* disons le mot, ce n'est pas le fait de la femme honnête dans la véritable acception du mot. La loi montre à la femme les conséquences graves qu'auraient pour elle une défaillance ; qu'en dehors du mariage, à moins qu'elle ne soit victime de violence, en cédant, elle fera une faute dont elle seule sera responsable. Que nos adversaires le sachent bien ! Ils n'arriveront jamais à réhabiliter les filles soi-disant séduites en les protégeant.

Que la recherche de la paternité soit admise ou non, que l'homme soit condamné ou non, le monde qui, lui, ne juge pas un texte à la main, condamnera toujours la fille séduite. « Elle a fait une
» *faute,* dira-t-il ; si elle a un enfant, c'est qu'elle
» l'a bien voulu, elle devait résister. »

L'art. 340 ne délie pas l'homme de ses engagements, il le laisse libre de les accomplir et le laisse dépendant de sa conscience.

L'Exposé des motifs trouve étrange que le Code, qui établit l'égalité de droits entre les héritiers et entre les époux mariés sans contrat de mariage, établisse l'inégalité de responsabilité entre les deux agents d'une même faute. Nous ne voyons pas quelle analogie existe entre les deux cas. Quoi ! parce que le Code établit l'égalité, c'est-à-dire le partage égal des gains dans le mariage, la plus licite, la plus encouragée de toutes les associations, il faudra, par une conséquence nécessaire, répartir également la responsabilité dans le concubinage ; et quand nous ne trouvons plus deux associés, mais deux coupables, il faudra les traiter avec égalité? Nous avouons ne pas saisir la portée de cet argument.

On s'appuie sur la jurisprudence récente. On constate que les juges ont fait entendre « d'éner-
» *giques protestations* et ont apporté quelques
» adoucissements à la loi, trouvant des moyens
» ingénieux de satisfaire leur conscience, la
» justice et la nature sans violer directement le
» texte, et qu'enfin ils ont pris toute liberté avec
» la loi. »

Les auteurs du projet citent plusieurs arrêts sans les défendre. Nous ne les attaquerons pas. La réfutation de la jurisprudence moderne a été faite par nous dans une autre partie du présent ouvrage.

Cependant nous ne voulons pas laisser passer l'arrêt de la Cour de Bastia, du 3 fév. 1834, qui est pris par les auteurs du projet de loi comme un argument. Ils ont mal choisi, car justement dans l'espèce jugée par cet arrêt, on n'a pas admis la recherche de la paternité, et l'application de l'article 1382 qui y est faite est, jusqu'à un certain point, justifiée.

« Un arrêt de la Cour de Bastia, du 3 fév. 1834, » dit le projet de loi, « paraît avoir fait, le premier,
» la distinction entre la demande en réparation
» fondée sur l'art. 1382 et l'action en recherche
» de paternité. »

Si les juges de Bastia ont acccordé des dommages-intérêts à la demanderesse, c'est qu'il pouvait y avoir, jusqu'à un certain point, l'occasion d'appliquer l'art. 1382, mais non pas pour indemniser la mère de la naissance de son enfant, puisque la Cour a rejeté la demande en pension alimentaire pour celui-ci, ainsi que l'articulation de faits relatifs à sa naissance. Dans ce procès, l'homme avait persuadé à la femme qu'une célébration seulement religieuse du mariage était suffisante ; cette célébration avait eu lieu. La cohabitation s'en était suivie et un enfant était né. N'oublions pas que nous sommes en Corse, en 1834.

Nos lois n'étaient pas encore bien connues, et une pareille erreur pouvait se comprendre, étant donné surtout qu'en Italie, pays si proche de la Corse, le mariage religieux seul était, à cette époque, en vigueur.

D'ailleurs il ne pouvait pas être invoqué ni promesse de mariage ni séduction, comme ayant déterminé des relations, puisque la demanderesse s'était crue mariée et bien mariée à la suite de la célébration religieuse.

Mais voici les principaux attendus de cet arrêt que les rédacteurs du projet de loi se sont bien gardés de rapporter, car il applique l'art. 340.

« La Cour…,
» Attendu que l'art. 340 du Code civil prohibe la
» recherche de la paternité, que la demande en
» pension alimentaire pour l'enfant dont la de-
» manderesse est accouchée n'est pas fondée et la
» preuve non recevable ;
» Attendu que le principe de l'art. 340 ne fléchit
» pas devant cette circonstance que c'est unique-
» ment pour assurer des aliments à l'enfant que
» cette recherche est faite…..»

Les promoteurs de la loi disent en parlant de la jurisprudence si ferme qui s'établit après la promulgation de la loi de l'an II :

« En même temps que les magistrats, les com-
» mentateurs de la loi ne pouvaient manquer de
» sentir combien *la règle nouvelle heurtait les*
» *principes*, et tout en la respectant, de trahir du
» moins dans leurs écrits la préoccupation d'en
» restreindre les effets. »

DE LA PATERNITÉ.   149

Cela est inexact, nous avons montré au début de cet ouvrage par des citations assez complètes que les commentateurs de la loi et les magistrats de 1804 et 1806[1], loin de sentir que la règle inscrite dans l'article 340 *heurtait* les *principes*, et loin de trahir la préoccupation d'en restreindre les effets, montraient tout au contraire par leurs décisions formelles, précises, brèves, nous dirons presque *brutales* que l'article 340 et la règle qu'il contient était en parfaite harmonie avec les *principes* du Code ; ils suivaient la pensé du Premier Consul qui avait dit : *La société n'a pas intérêt à ce que les bâtards soient reconnus*[2] *!* conséquence logique de la *faveur* accordée au mariage et aux enfants légitimes ; voilà le *vrai principe* sur lequel le Code civil s'appuie.

Dans l'exposé des motifs on reconnaît que la nouvelle jurisprudence viole l'art. 340 ; nous y lisons en effet :

« Mais il nous sera permis de nous demander
» ce que cette jurisprudence fait de la loi ? N'est-ce
» point admettre formellement la recherche de la
» paternité que de permettre d'établir un lien, fût-
» il simplement alimentaire, entre l'enfant et ce-
» lui qu'on réclame en son nom pour son père ?... »

Nous sommes heureux de rencontrer cet aveu

---

1. Voir arrêts cités dans la IIIe partie du présent ouvrage.
2. Conseil d'État, séance du 26 brumaire an X.

de nos adversaires. Les auteurs du projet de loi ne refusent pas, du moins, comme MM. Demolombe, Millet et beaucoup d'autres, de se rendre à l'évidence.

Passant à un autre argument, les auteurs du projet de loi puisent chez les puissances étrangères quelques exemples de Codes qui admettent la recherche de la paternité.

Nous pourrions leur répondre par cette citation de Montesquieu, dont ils ont eux-mêmes, à un autre endroit, invoqué l'autorité :

« Les lois doivent être tellement propres au
» peuple pour lequel elles sont faites, que c'est
» un grand hasard si celles d'une nation peuvent
» convenir à une autre [1]. »

Mais nous suivrons sans crainte nos adversaires sur le terrain qu'ils ont choisi et, puisqu'ils ont montré une des faces de la question, on nous permettra de faire ressortir l'autre.

Relevons d'abord en passant une inexactitude qui s'est glissée par inattention dans cet historique des législations étrangères. La rectification n'est pas sans importance. On nous dit dans l'*Exposé des motifs* [2]:

« Le Code italien n'autorise la recherche de la
» paternité que dans le cas d'enlèvement ou de

---

1. *Esprit des lois*, I, 3.
2. Voir *Exposé des motifs*, à la fin du volume.

» viol (art. 189), mais en dehors de cela, il permet
» à l'enfant naturel d'intenter une action en
» pension alimentaire :

» 1° Si la paternité ou la maternité résulte indi-
» rectement d'un jugement civil ou pénal ;

» 2° Si la paternité ou la maternité dérive d'un
» jugement déclaré nul ;

» 3° Si la paternité ou la maternité résulte d'une
» déclaration explicite faite par écrit par le père
» ou la mère (art. 193). »

Nos adversaires pourraient tirer argument de ces dispositions et dire : Voyez le Code italien, Code récent, car il date de 1865, il interdit en principe de rechercher la paternité, mais il la laisse constater, il donne certains effets à cette constatation qu'il autorise.

Or, voici le texte intégral de l'art. 193 :

« *Dans le cas où la reconnaissance est inter-dite* » (c'est-à-dire s'il s'agit d'enfants naturels incestueux ou adultérins, art. 180) « l'enfant n'est jamais admis à la recherche ni de la paternité, ni de la maternité.

» Toutefois l'enfant naturel aura toujours l'ac-
» tion pour obtenir des aliments :

» 1° Si la paternité..., » etc. (le reste comme plus haut).

L'exposé des motifs a donc entendu de tous les enfants naturels ce qui ne s'applique qu'aux enfants adultérins ou incestueux. On voit que le code italien reproduit pour les enfants naturels simples le système de notre Code civil (art. 340), en étendant seulement au cas de viol l'exception admise pour l'enlèvement, extension que nous approuvons. Quant aux enfants adultérins ou incestueux, il consacre absolument la règle de nos articles 335 et 762 : seulement il développe notre article 762, il énumère les cas où l'obligation alimentaire prend naissance : l'énumération est limitative évidemment ; la disposition est donc, au moins en apparence, plus restrictive que la nôtre qui n'a pas limité en principe les cas d'application. Ce code civil italien est un des forts arguments qui militent en faveur de notre thèse ; il n'a pas été discuté dans une époque révolutionnaire, il n'a pas été inspiré par un esprit de réaction aveugle, et c'est après mûre réflexion, après l'expérience de plus d'un demi-siècle qui a été faite dans notre pays, qu'on a jugé bonne en 1865 la règle jugée nécessaire en 1803.

Les autres pays où la recherche de la paternité naturelle est prohibée sont les suivants :

La Belgique, où notre Code est en vigueur, et où l'on ne voit même pas que la jurisprudence se soit révoltée contre la règle, comme notre jurisprudence française ; — la Hollande (Code de 1838, v. art. 338 à 344) ; — les îles Ioniennes (code de 1841) ; — la Roumanie (code de 1864) ; — la Pologne ; — la Serbie ; — et en Suisse les cantons de Genève, de Neufchâtel, du Tessin ; — il y a encore la Bolivie. La France n'est donc pas aussi isolée qu'on le soutient : les deux derniers Codes promulgués en Europe, le Code roumain et le Code italien, ont adopté la même règle, bien loin de nous laisser seuls, véritables parias de l'immoralité, dont l'exemple n'aurait été suivi, d'après le projet de loi, que par la Belgique. Le canton de Neufchâtel a même été plus loin que nous, quand en 1854 (Code civil, 1ʳᵒ partie, exécutoire à partir du premier mars 1854, art. 246), il a déclaré que la recherche de la paternité n'aurait jamais lieu en aucun cas, sans aucune exception. M. Baret, qu'on n'accusera pas de nous être favorable, rappelle encore qu'en 1821, pour arrêter les naissances illégitimes et l'immoralité qu'on attribuait aux désordres des femmes, et qu'on attribue chez nous à ceux des hommes, la Hesse grand-ducale prohiba la recherche de la paternité; quelques années après, la première chambre législative de Bavière réclamait la même mesure, et celle de Francfort émit, le 21 octobre 1835, un vote analogue.

Le projet de loi invoque l'exemple des autres pays, l'Autriche, l'Espagne (qui ne permet la recherche que si la concubine a été tenue dans la maison de l'homme), le Portugal, la Suisse, l'Angleterre et la Prusse.

Le Code prussien est d'une excessive sévérité pour les séducteurs; une loi aussi complètement à l'unisson de la morale, a-t-elle produit la moralité? Nous en doutons. Quoi qu'il en soit, le coupable est puni de six mois de prison avec travail forcé ; de plus il est déclaré père de l'enfant; il doit en avoir soin, et indemniser la mère même si elle a cohabité avec d'autres (art. 1036); s'il y a eu promesse de mariage, qu'il se refuse à accomplir, un jugement donnera à la femme le nom, l'état et le rang du séducteur, elle sera dans la position d'une femme divorcée : si la femme a eu commerce avec plusieurs hommes, le tuteur qui exerce l'action au nom de l'enfant commence par celui qu'il juge à propos (art. 619 et 620), et les poursuit tous successivement jusqu'à ce qu'il ait triomphé contre l'un d'eux et rencontré un père, non plus *naturel* mais *judiciaire*.

Nous ne savons si une pareille législation est un argument sérieux, en droit et en fait, en faveur du projet de loi.

En Angleterre, il y a, d'après nos adversaires un acte récent auquel nous n'avons pu nous reporter, car on ne nous en apprend pas la date. Nous savons seulement [1] qu'avant 1835 on appliquait dans ce pays la maxime: *creditur virgini...*, de sorte que les jeunes filles se livraient au premier venu, dans l'espoir d'obtenir, à défaut de mariage, une pension alimentaire : les plus éhontées même levaient des contributions

---

1. Voir Léon Faucher, *Études sur l'Angleterre,* chapitre de Carmarthen.

sur les jeunes gens, en les menaçant, s'ils ne se rachetaient pas du péril, de les dénoncer aux magistrats. La loi de 1835 crut réprimer le désordre en décidant que l'enfant resterait à la charge de sa mère jusqu'à l'âge de seize ans ; si elle était hors d'état de l'entretenir, l'enfant retombait à la charge de la paroisse, les gardiens avaient le droit de sommer le père putatif de pourvoir à son entretien ; mais il fallait d'autres preuves que la simple parole de la mère, et la contrainte par corps n'était plus admise. Le principe de la recherche subsistait donc, et les scandales recommencèrent bientôt ; la fille étant pauvre, la paroisse agissait sur son indication contre le père prétendu qui payait pour éviter d'être condamné. La meilleure preuve que ces désordres subsistaient et qu'ils tenaient au principe qu'on n'avait pas osé supprimer, c'est ce nouvel acte dont nous parle le projet de loi, cette nouvelle réglementation rendue nécessaire par des abus sans cesse renaissants.

Quant à la législation suisse, elle est très curieuse; nous compléterons sur ce point les observations légales par quelques observations morales que nous fournira le *Monde judiciaire*, spirituel recueil d'il y a une quinzaine d'années, rédigé par M. Norbert Billiart, qui revenait, en novembre 1863, de visiter la Suisse.

Dans la plupart des cantons, sauf ceux que nous avons indiqués, la recherche de la paternité est non seulement autorisée, mais imposée; et la sévérité des lois n'a pourtant pas influé sur la facilité des mœurs. Dans les campagnes, chaque samedi soir, les jeunes gens d'une commune vont rendre visite aux filles de l'endroit. Au pied de la fenêtre de l'une d'elles ils parlementent, puis entrent par escalade, restent une heure, s'amusent et, en partant, laissent l'un d'eux, le veilleur (*kilter*), qui passe la nuit avec sa jeune hôtesse. Les jolies filles, pour être considérées, doivent avoir pour veilleurs, avant leur mariage, presque tous les garçons du village. Dans cette solitude à deux d'une nuit tout entière, tout doit être éthéré et platonique : le *kilter* enlève ses souliers, la fille garde son jupon. Telle est la règle... En fait, il naît un nombre considérable d'enfants naturels, et c'est en vain que la législation est sévère. Les filles qui dissimulent leur grossesse subissent des peines barbares : à Sarnen, une fille subit l'exposition publique et 40 coups de verges; à Lucerne, une autre fut fouettée jusqu'à évanouissement. La fille enceinte doit déclarer le père de l'enfant, ce qui est important, car sans cela l'enfant resterait à la charge de la commune; il faut un père pour payer; si la fille a eu des relations avec plusieurs veilleurs, elle n'indique pas le plus pauvre, bien entendu. « On m'a cité des spéculations inouïes, » dit M. Norbert Billiart. La pension alimentaire est calculée sur la position du prétendu père et sur le degré de preuve produite contre lui, de sorte que s'il y a une demi-preuve, il y aura une demi-condamnation, et on aura un demi-père. Nous avons déjà vu quelque chose d'analogue dans le Code prussien. Mais il n'y a pas que les filles-mères qui spéculent ; les autorités communales elles-mêmes sont économes et raisonnent ; elles se disent : l'éducation de l'enfant coûtera 1,500, 2,000 fr.; d'ailleurs, il peut survenir d'autres enfants. Elles offrent donc une dot de 1,000 fr. à la fille, c'est-à-dire à la mère, pour épouser un bourgeois d'une autre commune ; la fille y trouve son avantage, la commune aussi, car elle se débarrasse des enfants, et tout est pour le mieux dans le pays qui a la plus morale des législations possibles.

Franchement, le projet de loi a-t-il raison d'invoquer les législations étrangères ? Plus nous étudions celles qui recherchent la paternité, et plus nous admirons la sagesse, féconde en heureux résultats, de celles qui prohibent cette recherche.

Le projet de loi s'étonne que « l'art. 762 du
» Code civil accorde des aliments à l'enfant na-
» turel adultérin ou incestueux, lui donne le
» droit d'ester en justice à cette fin, et de prouver
» sa filiation, de rechercher sa paternité, et n'ac-
» corde pas le même droit à l'enfant naturel sim-
» ple. Il y a là une omission étrange, une ano-
» malie [1] ».

---

1. *Exposé des motifs*, voir à la fin du volume.

Cet argument, on ne fait que l'indiquer, on ne le développe pas, on ne le défend pas. Pourquoi ? Parce que l'art. 762 est controversé, ce qui enlève à cet argument toute valeur. Cependant nous ne voulons pas le laisser passer sans y répondre. Nous serons obligés d'entrer dans quelques détails pour démontrer qu'il n'y a dans la loi aucune omission, aucune anomalie, et pour faire comprendre comment doit s'entendre l'art. 762.

La loi reconnaît aux enfants adultérins ou incestueux des *aliments*. Est-ce à dire qu'elle leur reconnaît le droit d'actionner en justice leurs parents et d'obtenir un jugement, pièce authentique qui, condamnant leur père à leur payer des aliments, contiendra une preuve de la paternité adultérine ou incestueuse ?

Le Code, après avoir dit (art. 335) que la reconnaissance volontaire par acte authentique ne pourra avoir lieu au profit des enfants nés d'un commerce adultérin ou incestueux, ajoute (article 342) : « Un enfant ne sera jamais admis à
» la recherche soit de la paternité, soit de la ma-
» ternité, dans les cas où, suivant l'art. 335, la
» reconnaissance n'est pas admise. »

Mais comment concilier ces dispositions avec les art. 762, 763 qui décident, l'un que la loi n'accorde *que des aliments* aux enfants adultérins ou incestueux, l'autre que ces aliments seront réglés, eu égard aux facultés du père ou de la mère, au nombre et à la qualité des héritiers légitimes ?

La situation des enfants adultérins ou incestueux est préférable à celle des enfants naturels simples, dit-on. Non. Les enfants naturels peuvent être reconnus et arriver par là à porter un nom, à prendre part à la succession de leur père; ils n'auront qu'une portion minime, il est vrai, car le législateur, voulant favoriser le mariage, a donné la plus large part aux enfants légitimes[1].

L'enfant adultérin ou incestueux a-t-il une action contre ses père et mère, ou est-ce seulement dans *leur succession* qu'il pourra demander des aliments, comme pourrait le faire croire l'article 764[2] ?

En disant qu'un enfant adultérin ou incestueux ne peut pas être reconnu par acte authentique, l'art. 335 n'a qu'un seul objet : c'est d'empêcher, par la reconnaissance authentique d'un enfant adultérin ou incestueux, qu'on ne lui confère les droits que les art. 757 et 758 assurent aux enfants naturels légalement reconnus. Il n'entend pas par là dispenser de nourrir un bâtard adultérin ou incestueux.

« Quoique les enfants adultérins ou incestueux
» ne puissent être reconnus, leur existence est un
» fait qui peut être évident[3]. »

La reconnaissance, même sous seing privé, des enfants adultérins ou incestueux ne doit pas être

---

1. Siméon. Séance au conseil d'État, 29 germinal an XII.
2. V. Delvincourt.
3. V. Siméon.

admise, car la loi qui, par pudeur, n'a pas voulu laisser consigner dans les registres publics l'aveu honteux d'une faute grave, ne peut en laisser produire la preuve écrite devant les tribunaux. Elle donnerait lieu à des actions qui causeraient un scandale public; une reconnaissance de ce genre est un cas très rare dans lequel le législateur doit faire céder l'impulsion de la justice à l'intérêt des mœurs.

Il n'y aura lieu à accorder des aliments que lorsque la reconnaissance ou la preuve de la filiation adultérine ou incestueuse résulte d'un jugement rendu sur une procédure criminelle, parce qu'alors la demande en aliments n'est plus qu'un accessoire qui ne peut produire aucun effet nuisible.

Par exemple : un enfant aura été valablement désavoué par un mari, il aura été jugé le fruit de l'adultère de l'épouse, le crime de sa mère ne saurait la dispenser de lui donner des aliments. — Un homme marié qui se rendrait coupable de rapt, pourrait, d'après l'art. 340, être déclaré père d'un enfant né à la suite du rapt. — Un homme aura signé comme père un acte de naissance sans faire connaître qu'il est marié à une autre femme que la mère du nouveau-né, ou que la mère est sa sœur, il aura voulu faire fraude à la loi. — L'enfant, ignorant le vice de sa naissance, se présentera dans la succession pour y exercer les droits d'un enfant naturel, on le repoussera par la preuve qu'il est né d'un père qui ne pouvait légalement le reconnaître; mais l'aveu de fait, volontaire de la part du père, ou la preuve de sa filiation résultant d'une procédure criminelle, lui restera et lui procurera des aliments *sur la succession;* à ce moment, la crainte du scandale n'existe plus, car le père est mort.

Voilà les cas très rares que le législateur a eu en vue, et dans lesquels l'art. 762 trouvera son application, lorsque la filiation des enfants adultérins ou incestueux résulte de circonstances malheureuses où leur état se trouve constaté indépendamment de toute reconnaissance. L'art. 762 ne souffre aucune extension; c'est donc à tort que les rédacteurs du projet de loi posent en principe que les enfants adultérins et incestueux ont le droit d'actionner leurs parents pour leur demander des aliments.

Les travaux préparatoires du Code vont nous montrer quel était l'esprit du législateur quand il écrivait l'art. 762.

Siméon a dit au Corps législatif, dans la séance du 29 germinal an XII :

« Les enfants naturels adultérins et incestueux
» n'ont pas même de créance; ils n'ont droit qu'à
» la pitié; elle ne le leur a jamais fait obtenir que
» des *aliments.* Si nous nous occupons d'eux, ce
» n'est pas qu'il soit permis de reconnaître le
» fruit d'une cohabitation illégitime, mais tolé-
» rée; le Code ne peut permettre l'aveu d'une fai-

» blesse et ne souffre pas la reconnaissance d'un
» crime. »

Si nous cherchons dans la jurisprudence, nous n'y verrons que deux arrêts, l'un rendu par la Cour d'appel de Pau, le 18 juillet 1810, l'autre par la Cour d'appel de Bruxelles, du 29 juillet 1811, qui tous deux ont rejeté la demande formée par un enfant adultérin contre ses parents.

Plus loin, l'exposé des motifs prévoit cette objection : « Il suffit qu'une action soit intentée,
» qu'elle puisse être intentée pour qu'il y ait
» scandale ! »

Comment y répond-il ? « La règle actuelle em-
» pêche-t-elle les procès de cette nature ? Non,
» car la jurisprudence autorisant avec raison la
» réclamation de dommages-intérêts, les a de
» nouveau déchaînés. S'il y a donc danger, le
» danger existe actuellement, et la modification
» à la loi que nous proposons n'y ajoutera
» rien [1]. »

Outre que c'est un tort de prendre la jurisprudence actuelle comme un argument, c'est résoudre la question par la question.

La règle actuelle empêche-t-elle les procès en séduction ? Vous répondez *non !* vous invoquez la jurisprudence ! que faites-vous de la loi ? C'est *oui* qu'il faut répondre à cette question, car la *règle*

---

1. *Exposé des motifs.* V. à la fin du volume.

actuelle, ce n'est pas la jurisprudence variable et si violemment combattue, c'est l'art. 340.

La jurisprudence actuelle a déchaîné de nouveau ces procès, dites-vous, mais alors vous reconnaissez les dangers que cette jurisprudence occasionne, et loin de vouloir y remédier, vous ajoutez : *le danger existe actuellement et la modification à la loi que nous proposons, n'y ajoutera rien.* Vous êtes donc satisfaits lorsque, sans chercher à écarter les dangers qui peuvent menacer la société, et que vous êtes les premiers à reconnaître, vous les laissez placidement persister ; et vous n'y *ajoutez rien !*

Les rédacteurs du projet de loi prétendent que « la loi n'empêchant pas les procès pour adultère, » viol, attentats aux mœurs, proxénétisme, sépa- » ration de corps, etc., qui fournissent les uns et » les autres un puissant aliment au scandale et » des armes redoutables au chantage et à la ca- » lomnie, il doit en être de même en matière de » séduction et de demandes de dommages-intérêts » pour cause de grossesse [1] ».

Non, il ne peut pas en être de même. Si la loi autorise les procès en adultère, en séparation de corps, en désaveu, c'est que d'abord la preuve, bien que prêtant au scandale, est facile à établir ; le mari peut faire surprendre, par la voie officielle du parquet, sa femme en flagrant délit d'adultère ;

---

[1] *Exposé des motifs.* V. à la fin du volume.

ensuite il est de première nécessité de sauvegarder l'honneur d'un époux outragé et la sainteté du mariage.

Si la loi autorise les procès pour attentat aux mœurs, proxénétisme, viol (et encore ne les autorise-t-elle que sous la condition que les débats auront lieu à huis clos), c'est qu'il s'agit de crimes et délits contre l'ordre public, la société ou les personnes, soit par la monstruosité des faits, soit par la violence physique exercée par le coupable sur sa victime !

Mais quand il s'agit de prétendue séduction, à quelle distance ne sommes-nous pas du viol, de l'adultère, de l'attentat aux mœurs ! Aucune comparaison ne peut être faite, et c'est à tort que l'on croit pouvoir tirer de là un argument. La séduction n'est pas un fait simple, unique, c'est un ensemble de manœuvres qui varient suivant les circonstances particulières de chaque fait, et il est impossible de tirer de cet ensemble mobile et incertain la preuve de la paternité.

Ceci dit, comment les rédacteurs du projet de loi peuvent-ils soutenir la deuxième partie de leur article premier, en ce qui touche la séduction ?

ARTICLE PREMIER.

« L'art. 340 du Code civil est modifié ainsi qu'il
» suit :

» ART. 340. La recherche de la paternité est
» interdite, sauf les cas :
» 1° D'enlèvement, de viol ou de *séduction*, lors-
» que l'époque de l'enlèvement, du viol *ou de la
séduction* se rapportera à celle de la conception. »

Pour l'enlèvement, l'art. 340 est formel : Lorsque l'époque de l'enlèvement se rapporte à celle de la conception de l'enfant, le ravisseur pourra être déclaré père de l'enfant. — Le Code ne distingue pas : quels qu'aient été les moyens employés et l'âge de la femme, dès qu'il y a eu enlèvement, il y a là un fait ostensible, patent, qui, joint à la présomption de paternité résultant de la coïncidence de l'époque de la conception avec celle de l'enlèvement, a le double effet de rendre l'individu poursuivi peu digne d'égards et de ménagements et de faire naître contre lui une grave présomption de paternité.

Quant au viol, la jurisprudence est unanime à admettre que le ravisseur *peut* aussi être déclaré père de l'enfant, et c'est, à notre avis, faire une juste assimilation à l'enlèvement prévu par l'art. 340.

Nous insisterons seulement sur le mot *séduction* que les rédacteurs du projet de loi veulent ajouter à l'art. 340. Selon eux, on sera admis à rechercher la paternité lorsque l'époque de la séduction se rapportera à celle de la conception, et, bien entendu, que, si la séduction est prouvée, le séducteur *sera,* dans tous les cas, déclaré père de l'enfant. Votre article, honorables sénateurs, est obligatoire pour le juge; il ne contient plus cette faculté pourtant si sage que le législateur de 1803 a mise dans l'art. 340... de déclarer ou ne pas déclarer père de l'enfant le ravisseur de la jeune fille. Au lieu de... « le ravisseur *sera* déclaré père de l'enfant » (qui était la première rédaction proposée)... on a écrit... « le ravisseur *pourra* être déclaré père de l'enfant ». Vous supprimez ce membre de phrase.

Vous n'hésitez pas : vous établissez une présomption de paternité sur un fait de *séduction* qui peut embrasser un espace de temps plus ou moins long, des semaines, des mois; de sorte que le magistrat qui aurait à juger un procès de séduction serait souvent fort embarrassé, lorsque les manœuvres séductrices ayant duré plusieurs mois, il ne saurait à quel moment placer le moment de la conception. En matière d'enlèvement et de viol, cette présomption est plus facile à établir, car le viol, l'enlèvement se circonscrivent dans un espace de temps assez court, quelques heures au moins, quelques jours au plus, tandis qu'il n'en est pas ainsi en matière de séduction. Il arrivera même que la séduction la mieux établie, la mieux caractérisée, laissera dans l'ombre ce point essentiel de la transmission de la vie du père à l'enfant. Vous retomberez alors dans les anciens abus !

Les rédacteurs du projet de loi reconnaissent que la recherche de la paternité est sujette à bien des inconvénients et offre des dangers.

« Il n'est point impossible, disent-ils, tout en
» rétablissant le principe, d'en subordonner
» l'exercice à certaines conditions propres à pré-
» venir les abus et à l'entourer de certaines ga-
» ranties. »

Ce sont ces garanties que les auteurs du projet de loi ont formulées dans les art. 2 et 3, qui sont ainsi conçus :

Art. 2.

« L'action en recherche de paternité ne peut
» être intentée que par l'enfant ou en son nom.
» Elle se prescrit par six mois à dater de sa
» majorité; elle ne peut être exercée pendant sa
» minorité qu'après avis favorable du conseil de
» famille et désignation d'un tuteur *ad hoc*,
» chargé de le représenter dans l'instance. »

Art. 3.

« Elle est soumise à l'accomplissement des for-
» malités prescrites en matière de séparation de
» corps par les art. 875, 876, 877, 878, §§ I et II,
» et 879 du Code de procédure. »

Examinons si ces garanties sont suffisantes : l'art. 2 accorde d'abord à l'enfant lui-même de rechercher la paternité pendant six mois à partir de sa majorité, c'est-à-dire vingt-un ans et six mois après que les faits de *séduction* se seront passés. C'est après un aussi long espace de temps que l'enfant sera autorisé à prouver la séduction de sa mère et sa filiation, à l'aide de présomptions, d'indices, de lettres peut-être apocryphes, de pièces peut-être falsifiées, de témoins dans la mémoire desquels les faits de séduction, déjà si vagues et si incertains au moment où ils se sont passés, auront été ou ravis par le temps, ou mensongèrement entretenus à force de dons et de promesses !

C'est après vingt-un ans et six mois que l'homme qui n'a jamais connu peut-être la mère de cet enfant, pourra voir tomber sur lui à l'improviste un procès que ses adversaires auront mis vingt-un ans et six mois à échafauder ! C'est surtout dans ce cas que se produiront les abus, qu'il y aura à craindre le chantage et les actions téméraires vis-à-vis d'hommes vertueux et surtout opulents.

L'enfant comptera que, n'ayant pas les moyens de se défendre utilement, craignant l'effet d'un procès scandaleux sur sa famille et ses relations, celui qu'il poursuit préférera transiger, et payera fort cher le silence de son accusateur. Ou, si cet homme se laisse poursuivre, à supposer même qu'il triomphe, il n'en sera pas moins atteint dans son honneur, car le monde ne manquera pas de décider que le doute seul lui a profité.

Une autre raison accuse encore vos précautions d'inutilité et votre règle d'impuissance.

Selon vous, il faut punir l'homme débauché, le forcer à remplir ses devoirs, le rattacher à son enfant. Eh bien, vous attendez quand le conseil de famille ne se prononce pas, que l'enfant ait assez de maturité pour apprécier la question. Vous attendez vingt-un ans avant de punir la débauche du père, vous provoquez, pendant vingt-un ans, l'inconduite de l'homme et les protestations de la morale ! La femme abandonnée, dites-vous, vouée au mépris, plongée dans le désespoir et la misère, élève son enfant à grand'peine ou le jette à l'hospice, ou le tue : Voilà ce que vous voulez prévenir lorsque vous dites : l'enfant exercera l'action quand il aura 21 ans.

Mais si la mère a besoin de secours et l'enfant de protection, c'est surtout dans les premiers temps qui suivent la naissance, quand la honte de la mère vient d'éclater au grand jour, quand la vie de l'enfant tient à un souffle. Mais la fille abusée, dites-vous, exercera l'action de l'art. 1382. Nous ne reviendrons pas sur cette opinion erronée que nous avons déjà réfutée plusieurs fois ; l'art. 1382 est inapplicable ; la grossesse ne suffit pas à fonder une demande en justice et si l'on soutient que la mère fera une recherche de paternité, nous répondrons avec vous qu'elle n'en a pas le droit, vous lui avez enlevé l'exercice personnel de cette action.

Dans le système que vous présentez, vous ouvrez l'action à l'enfant quand il a l'âge d'homme; et s'il s'est passé de secours pendant vingt-un ans, il n'en a sans doute plus besoin. A quoi lui servira cette action ? En l'exerçant, il ne satisfera qu'un intérêt moral, celui de se rattacher à telle famille, de porter tel nom. En tous cas, croyez-vous servir la morale en punissant le père vingt-un ans après sa faute et en engageant l'enfant, quand aucun besoin urgent ne l'y force, à demander à la contrainte ce qu'il n'a pas obtenu de l'affection ?

L'article 2 autorise pendant la minorité de l'enfant, la recherche de la paternité en son nom. Ainsi, celui qui est *peut-être* le père de l'enfant, ou celui qu'aura choisi la mère parmi les nombreux amants qu'elle a pu avoir, le plus riche surtout, aura pendant vingt-un ans et six mois, cette épée de Damoclès suspendue au-dessus de sa tête !

Mais le projet de loi croit éviter ce danger en enlevant l'action en recherche de la paternité à la mère, et en la faisant reposer sur la tête de l'enfant, assisté d'un tuteur *ad hoc*, tuteur désigné par un conseil de famille et après avis favorable du conseil de famille.

Cette précaution n'enlève aucunement la crainte du danger dont nous avons parlé. En effet: ce tuteur *ad hoc*, que sera-t-il, sinon l'instrument complaisant pris par la mère parmi ses plus intimes et ses plus dévoués amis? Sa nomination sera proposée par elle à un conseil de famille formé de complices ! Ce tuteur, véritable homme de paille, pensera, parlera, agira d'après les conseils, les ordres de la mère.

Les rédacteurs du projet de loi croient encore faire tout pour le mieux en ordonnant qu'un conseil de famille soit réuni, et que l'action en recherche de paternité ne soit intentée qu'après son avis favorable. C'est donc à des règles nouvelles, que les rédacteurs du projet de loi ont oublié de donner, qu'il faudra recourir pour composer le conseil de famille.

Ce n'est plus l'article 340 seulement qu'il faut modifier, il faut créer d'autres articles à côté des articles 407-,410, pour régler la composition de ce conseil de famille ; car les rédacteurs du projet de loi n'ignorent pas qu'aux termes des articles 407-,410 du Code civil, le conseil de famille doit se composer de parents au nombre de six pris moitié dans la ligne paternelle et moitié dans la ligne maternelle : or, un enfant naturel non reconnu n'a d'autre parent que sa mère ; de quels éléments sera donc composé ce conseil de famille ? D'amis appelés à défaut de parents ? Il est permis, il est vrai, d'appeler des amis, mais ce n'est que pour *compléter* le conseil de famille déjà composé en partie de parents.

A supposer même qu'on pût composer ce conseil de famille uniquement d'amis, encore faudra-t-il que les amis soient pris moitié parmi ceux de la mère et moitié parmi ceux du père. Il n'est pas présumable que les amis du prétendu père se prêtent à faire ce qu'un ennemi même hésiterait à tenter. Restera donc la ressource de composer le conseil de famille exclusivement d'amis de la mère ; or quel juge de paix prendrait la responsabilité de présider un pareil conseil, et d'ailleurs nul doute que les amis de la mère donneraient un avis favorable !

La simple réunion du conseil de famille, quelle que soit la manière dont il sera composé, quel que soit l'avis exprimé, est par suite du procès-verbal qui en est dressé, un moyen de chantage, car on y parle de la mère, du prétendu père, dont le nom est rapporté, de l'enfant. Il n'en faut pas davantage pour ouvrir la bouche à la médisance et à la calomnie.

Dans l'exposé des motifs on prévoit une objection qu'on pourra faire à l'art. 2.

« L'art. 2 est injuste envers la mère, dira-t-on ;
» il accorde une action à l'enfant pour obtenir
» des aliments, mais il n'accorde aucune action à
» la mère pour obtenir de son séducteur des dommages-intérêts. »

Voici comment les rédacteurs du projet de loi répondent :

« L'interdiction de la recherche n'existant plus
» en ce qui touche l'enfant, la demande de la

» mère, fondée sur l'art. 1382, ne rencontrerait
» plus d'obstacle. »

Voilà donc encore l'art. 1382 invoqué à propos de séduction. Nous ne voulons pas répéter ici ce que nous avons dit si longuement dans une autre partie de l'ouvrage ; contentons-nous de répondre que c'est encore sans droit que les rédacteurs du projet de loi appellent à eux, comme argument sérieux, une jurisprudence qu'ils savent suspecte et qui a été vivement combattue. Mais, dans tous les cas, la demande en dommages-intérêts de la mère ne pourrait être intentée qu'après que le procès en recherche de la paternité, au nom de l'enfant, aurait été jugé ; c'est là une question préjudicielle.

Tant que l'enfant n'aura pas un père *officiel*, la mère ne pourra, sans faire une recherche de paternité (ce qui lui est défendu par l'art. 2 du projet de loi), actionner son séducteur en dommages-intérêts. La mère aura donc un grand intérêt à ce que le procès en recherche de paternité soit fait, car de sa solution favorable dépendra pour elle l'ouverture de l'action en dommages-intérêts. Quelle passion n'y mettra-t-elle pas, et à quelles ruses ne recourra-t-elle pas pour triompher !

Nous avons vu combien étaient vaines les précautions prises par l'art. 2 du projet de loi. Voyons maintenant si celles de l'art. 3 sont meilleures :

« Comme en matière de séparation de corps,
» il y aura comparution avant de saisir l'au-
» dience devant le président du tribunal, une
» requête motivée fera connaître à ce magistrat
» les faits et les moyens de la demande. Il appel-
» lera les parties à son cabinet. Ces dernières
» comparaîtront en personne sans pouvoir se faire
» assister d'avoués ni de conseils. Le président
» leur fera les représentatons qu'il croira utiles,
» ce sont les termes mêmes des art. 877 et 878 du
» Code de procédure civile, et les renverra à se
» pourvoir devant le tribunal en cas de non-con-
» ciliation. »

Ces précautions ne sont pas suffisantes : tout le monde sait de combien peu d'importance elles sont regardées en matière de séparation de corps. On considère la conciliation préliminaire comme une simple formalité inutile. La plupart du temps, la partie défenderesse ne comparaît pas; le juge donne alors défaut, autorise l'introduction de l'instance, sachant bien qu'il n'a ni la compétence ni le temps nécessaires pour juger si les faits allégués sont vraisemblables et appuyés de preuves sérieuses. Il renvoie donc sans plus les parties devant le tribunal. Que devient alors en matière de séparation cette conciliation préliminaire ? une *formalité banale*, sans but ni raison ; elle n'en aurait pas plus en matière de séduction.

L'exposé des motifs, après avoir expliqué et

motivé l'action en recherche de paternité, reconnaît que cette prescription de vingt et un ans et six mois est bien longue en effet, et que la situation du père, qui se trouverait pendant tant d'années sous les *menaces* d'une action serait pénible, mais les auteurs du projet de loi trouvent un moyen d'en sortir. Quel moyen ?

« Le père, d'ailleurs, aura toujours la ressource,
» s'il a à redouter une action fondée, soit de
» *transiger*, soit d'user de la faculté que lui ac-
» corde l'art. 761 [1]. »

Cette ressource est-elle sérieuse ? C'est à tort que le projet de loi dit : *le père*. Nous ne sommes pas en présence d'un père; nous sommes en présence d'un homme qu'on prétend être père. Puis, quel étrange conseil ! *transiger !* faire une *donation* à celui dont on a à craindre un procès ! Mais c'est donner à ce prétendu père le conseil de reconnaître cet enfant. S'il n'a pas reconnu cet enfant, c'est peut-être qu'il ne s'en croit pas le père, et en faisant une transaction, outre que transiger sur une question d'état est chose contraire aux principes du droit et de la morale, ce prétendu

---

1. Art. 761 : « Toute réclamation leur est interdite (aux
» enfants naturels *reconnus*) lorsqu'ils ont reçu, du vivant de
» leur père ou de leur mère, la moitié de ce qui leur est
» attribué par les articles précédents, avec déclaration expresse
» de la part de leur père ou de leur mère, que leur intention
» est de réduire l'enfant naturel à la portion qu'ils lui ont
» assignée. »

père ferait une *reconnaissance,* or, c'est ce qu'il s'est toujours refusé à faire. Pensez-vous qu'alors il se rende à votre conseil ?

Le projet de loi lui donne la ressource, pour échapper au procès en recherche de paternité, d'*user de la faculté que lui accorde l'art.* 761. C'est encore une *reconnaissance.* L'art 761 parle de donation ; or, une donation ne peut se faire que par acte authentique et est soumise aux conditions de capacité de la part du donateur, comme de la part du donataire. Le donateur ne peut faire une pareille donation, car il n'a pas le droit de disposer de la portion dont il est parlé à l'art. 761, l'art 761 suppose qu'*une reconnaissance a eu lieu ;* le donataire n'est pas capable de recevoir, puisqu'il faut qu'il soit enfant naturel reconnu pour avoir cette capacité, et, dans l'espèce, il s'agit d'un prétendu père et d'un enfant non reconnu. Supposons qu'une pareille donation soit faite. Si l'acte authentique qui la contient ne mentionne pas la reconnaissance du donataire par le donateur, la donation pourra être attaquée par les héritiers du donateur. Les rédacteurs du projet de loi ont commis une erreur, ils ont fait une méprise ; ils parlent de la *faculté que l'art.* 761 *accorde au père,* mais cette faculté est laissée seulement au père qui a reconnu son enfant ! Aller conseiller à un homme qui redoute un procès en reconnaissance d'un enfant naturel qu'il n'a jamais voulu reconnaître, de reconnaître cet enfant, c'est dire à un malade de se tuer !

Le paragraphe 2 de l'art. 1er dit que : « L'enfant naturel sera admis à la recherche de la paternité dans le cas de possession d'état. »

Nous croyons que le Code a été très prudent en refusant à la possession d'état seule, et sans commencement de preuve par écrit, le pouvoir d'établir même la maternité naturelle dont la recherche est permise.

On comprend que la possession d'état prouve la filiation légitime. On sait que tel homme a été marié, on sait quelle a été sa femme ; l'enfant porte le nom du père, a été reconnu constamment comme enfant par le père, par la mère, leur famille et la société. Voilà une preuve concluante aux termes de l'art. 321 et qui s'explique sans qu'on ait besoin d'invoquer la faveur de nos lois pour le mariage et la légitimité.

Mais accorder la même faveur, sans nécessité sociale, à un enfant illégitime, permettre à un homme de venir un jour s'établir dans un endroit avec un enfant qu'il a pu prendre n'importe où, et dire : Voilà mon enfant, sans constater cette reconnaissance par un acte authentique ; prétendre que cette filiation sera établie sans qu'on sache comment cet enfant est né, sans qu'il ait à prouver quelle est sa mère, et que sa mère a été séduite, et qu'elle l'a été par tel homme, voilà ce que nous ne comprenons pas. Nous en sommes à l'idée du premier consul : La société a intérêt à ce que tel enfant soit légitime ; quel intérêt a-t-elle à ce qu'on dise d'un autre : C'est le bâtard de cet homme ? S'il est véritablement son enfant, s'il en a eu la possession d'état, il est à supposer qu'il pourra produire une preuve par écrit, à défaut de reconnaissance. Mais la possession d'état, indépendamment de toute autre preuve, a ses dangers, et il n'y a pas les mêmes motifs de l'appliquer que pour les enfants légitimes.

Toute personne intéressée, nous dit-on, peut contester une reconnaissance d'enfant naturel; mais on ne pourra contester une possession d'état, qui est un fait patent. Donc, s'il y a une reconnaissance solennelle, authentique, on pourra prouver que la filiation est fausse, et s'il n'y a qu'une reconnaissance purement de fait, personne ne pourra la contester, la filiation se trouvera établie d'une manière irréfragable; et si l'on suppose que c'est le prétendu père qui a élevé l'enfant à l'insu de la mère, celle-ci ne pourra prouver plus tard, ce dont elle peut être sûre, que l'enfant a un autre père.

Nous avons terminé notre travail. Sommes-nous arrivés au but que nous nous étions proposé ? C'est au lecteur à en juger. Nous avons fait tous nos efforts pour démontrer que le projet de loi déposé par MM. Bérenger, de Belcastel,

Foucher de Careil et Schœlcher, loin d'être une réforme utile et produisant des effets nouveaux et salutaires, ne serait qu'un retour vers les abus du XVI° et du XVII° siècle.

Avant que le projet de loi ne soit discuté devant les législateurs des deux Chambres, rappelons que la simple adjonction du mot *séduction* à l'art. 340 aurait pour résultat d'amener nécessairement à réformer d'autres parties du Code civil.

Que ceux qui sont partisans de la modification demandée par le projet de loi sachent bien que le Code civil est un monument qui a été savamment et laborieusement construit, de manière que tous les éléments, tous les détails concordent et s'harmonisent entre eux; que toucher à quelque partie que ce soit de ce monument, même à celle qui paraîtrait la moins importante, ce serait ébranler son système général.

Que chaque fois qu'on a voulu apporter quelques modifications à notre Code, des protestations unanimes se sont fait entendre, notamment à l'occasion de la réforme proposée par M. Delsol, relative aux droits successoraux du conjoint survivant : la Cour de cassation, la Cour d'appel de Paris ont repoussé ce projet, *par cela seul qu'il constituait une réforme* [1].

Qu'on ne vienne pas dire que, le projet de loi

---

[1]. *Revue générale du droit,* tome 1er, 1877, p. 261.

sur le divorce trouvant de nombreux partisans, il en sera ainsi pour le projet de loi sur la recherche de la paternité. Le projet de loi sur le divorce ne veut rien réformer, rien innover : il veut *rétablir* le Code tel qu'il était au jour de sa promulgation.

A qui profiterait-elle la loi sur la recherche de la paternité, si elle était adoptée ? Aux filles séduites ! La fille séduite est, quoi qu'on dise, coupable, et on doit la tenir en suspicion.

FIN.

SÉNAT

Annexe au Procès-Verbal de la Séance du 16 Février 1878.

PROPOSITION DE LOI

Relative à la **Recherche de la paternité**

PRÉSENTÉE

Par MM. BÉRENGER, DE BELCASTEL, FOUCHER DE CAREIL et SCHOELCHER

Sénateurs.

EXPOSÉ DES MOTIFS

C'est une vérité douloureuse, mais que l'évidence des faits et la multiplicité des témoignages ne permettent plus de contester, que le dérèglement des mœurs a fait en France, depuis le commencement du siècle, les plus rapides, les plus inquiétants progrès.

Un chiffre emprunté à la statistique des naissances illégitimes suffirait à le démontrer : On comptait, en 1815, un enfant naturel sur vingt naissances ; il en naît aujourd'hui un sur quatorze enfants. Ce n'est là cependant qu'un élément bien imparfait d'appréciation, car le concubinage est volontairement stérile.

C'est le mystère des liaisons irrégulières, le martyrologe des existences criminellement supprimées, le fléau toujours croissant de cette tourbe déclassée où le crime trouve ses principaux adeptes et la sédition ses plus sûres recrues, les révélations arrachées par le repentir ou provoquées par le besoin qu'il faudrait pouvoir interroger.

A leur défaut, ce qui se laisse voir ou ce qui s'affiche, ce que le scandale de chaque jour enseigne, ce que les documents judiciaires révèlent donne une suffisante démonstration.

S'il est vrai que la littérature, sous ses diverses formes, théâtre, feuilles périodiques, livre, chaire ou enseignement, soit le miroir des mœurs, on y peut chercher encore de nouvelles preuves. Des productions actuelles, les unes témoignent par leur immoralité, les autres par leurs avertissements.

Venues de haut, mais contenues longtemps par le respect des distinctions sociales, par les châtiments de l'Église, les rigueurs de la loi pénale ou civile, et la réprobation attachée à la bâtardise, les habitudes de libertinage se sont peu à peu étendues, à mesure que les événements affaiblissaient ces divers freins. Propagées par la facilité des mœurs du Directoire, encouragées depuis dans la classe aisée par la funeste coutume du mariage tardif, dans les centres ouvriers par les conditions nouvelles du travail industriel, elles ont pénétré toutes les couches de la société.

« La séduction, dit M. le Play, qui, pendant le dernier siècle, n'appartenait guère qu'aux mœurs de la cour, s'est incessamment propagée depuis lors dans la masse même de la nation ; aujourd'hui ce désordre est devenu en quelque sorte un trait habituel de nos mœurs privées. »

« Si l'on vous disait, écrit M. Legouvé que.... la jeunesse des hommes n'a presque qu'un but, ravir cette vertu aux femmes : que tous, pauvres et riches, beaux et laids, nobles et roturiers, poussés ceux-ci par la passion, ceux-là par l'ennui, d'autres par la vanité, se précipitent à la poursuite de cette vertu comme des limiers sur une bête de chasse ; qu'enfin, par un contraste bizarre, le même monde, qui accable d'anathèmes les femmes lorsqu'elles succombent, élève sur une sorte de pavois ceux qui les font succomber et honore les succès des hommes du nom réservé aux actions les plus glorieuses, du nom de conquête.... »

« Que deviendront nos filles ? » s'écrie à son tour, dans son livre éloquent, M. Alexandre Weil.

Et ce n'est pas seulement parmi les riches désœuvrés que le mal sévit, il est partout, dans l'atelier autant et peut-être plus qu'ailleurs.

« En 1802, le mal auquel nous voulons porter remède, dit M. Foucher de Careil, n'existait pas au même degré. Je veux parler de la séduction qui s'exerce dans la fabrique, dans l'atelier, et du proxénétisme industriel que le développement de l'industrie ne pouvait manquer d'amener après lui. »

Précisons davantage avec le livre, si poignant et malheureusement si vrai d'un de nos plus éminents collègues, *l'Ouvrière* :

« L'ouvrier de Paris, l'ouvrier dépravé s'entend, car tout se trouve dans cette capitale universelle et l'excès du bien y côtoie l'excès du mal, l'ouvrier de Paris fait de la débauche par système. Il a des objections de sophiste contre le mariage. L'habitude de vivre en concubinage se propage de plus en plus chaque année dans la population des faubourgs [1]. »

Quant aux femmes ?

« De toutes jeunes filles sont entassées dans un atelier avec des enfants et des femmes d'un certain âge, la plupart sans moralité. Qui veille sur elles ?... Si la fillette est jolie et le contre-maître libertin, il abuse pour la mettre à mal de l'autorité qu'il a sur elle. Le patron ferme les yeux.... Les jeunes ouvrières, qui ne retrouvent le soir qu'un père abruti par l'ivresse, une mère sans conduite et sans principe, ont-elles une chance, une seule d'échapper à la corruption ?... M. Villermé assure qu'à Reims elles s'offrent dès l'âge de douze ans... ; à Saint-Quentin,... on dit des jeunes filles un peu coquettes qui s'attifent le soir pour plaire aux bourgeois en sortant de l'atelier, qu'elles vont faire leur cinquième quart de jour-

---

1. Jules Simon, *l'Ouvrière*, 2ᵉ édition, p. 138.

née. On les appelle des *cinq-quarts*. A Lille.... etc. [1]. »

Mêmes peintures dans les ouvrages si connus de MM. Villermé, Louis Reybaud et Blanqui.

D'après M. Devinck : « Le quart des ouvriers de Paris vit en dehors du mariage. Les femmes qu'ils s'attachent pour un temps ne sont que leurs esclaves et le jouet de leurs caprices, menacées sans cesse d'être chassées par eux et de se voir refuser la reconnaissance de leurs enfants.... Sur dix-neuf mille apprentis parisiens, il en est plus de dix mille, et la plupart sont des enfants naturels, qui jamais ne rentrent ni chez leur père ni chez leur mère [2]. »

Faut-il s'étonner que M. Le Play s'écrie : « J'ai vu souvent, dans le cours de mes voyages, la torture morale qu'inflige aux mères pauvres la situation de leurs filles attirées hors du foyer par la nécessité du travail. »

Voilà l'affligeant tableau qui de toute part s'offre aux yeux.

Le législateur doit-il rester impassible en présence de pareils désordres ? Nous ne le pensons pas. Leur aggravation, et elle est certaine si on ne parvient à réagir, nous mènerait en effet promptement, par le mépris du mariage, la dissolution de la famille et

---

1. *L'ouvrière*, 2e édition, p. 137.
2. *Compte rendu de la Société d'économie sociale*, 1874, pages 429 et 431.

l'altération des sources de la natalité, à un profond ébranlement des bases sociales.

Montesquieu était tellement frappé à ce point de vue des conséquences de l'incontinence publique *dans un état populaire,* qu'il n'hésitait pas à la signaler non seulement comme le dernier des malheurs, mais comme le présage d'un changement dans la Constitution [1].

Mais peut-on espérer de réformer les mœurs par l'action des lois ?

Ce serait assurément une entreprise téméraire.

La loi n'enseigne pas, elle prescrit et la morale est moins de son domaine que de celui de l'enseignement ou de la prédication.

On peut toutefois se demander, en présence de cette recrudescence des mauvaises mœurs, s'il n'existe pas parmi les lois qui, au commencement du siècle, ont reconstitué l'organisation civile de la famille et réglé les conséquences des rapports entre les sexes, quelques dispositions propres à les provoquer.

Ce examen a été depuis longtemps entrepris, et il a presque unanimement conduit ceux qui s'y sont livrés à cette conclusion que, de toutes les causes qui ont pu contribuer au développement du mal, la plus réelle, la plus grave, la plus funeste est celle qui résulte du principe introduit en 1803 dans nos

---

1. *Esprit des lois,* livre VII, chapitre VIII.

lois civiles, par l'interdition de la recherche de la paternité.

Précédemment, le séducteur était doublement responsable des conséquences de sa débauche ; il pouvait être poursuivi criminellement ; il pouvait être contraint, par les voies civiles, soit à réaliser ses promesses de mariage, soit du moins à indemniser celle qu'il avait trompée. En cas de naissance d'un enfant, il pouvait être condamné à le reconnaître et à l'élever.

Aujourd'hui, si la fille séduite a plus de treize ans, il n'y a plus d'action criminelle qu'en cas d'enlèvement ou de détournement, et encore faut-il qu'elle soit mineure. Pour celle qui a dépassé la majorité, la violence peut seule provoquer des poursuites.

Au civil, les promesses de mariage sont déclarées nulles.

Ainsi le veulent les nouveaux principes de notre droit pénal, et l'intérêt supérieur de la liberté du consentement en matière de mariage. A la bonne heure !

Mais pourquoi, à ces innovations déjà si propres à abaisser toute barrière devant le libertin, avoir ajouté la suppression de l'action salutaire qui accordait la sanction de la loi au devoir naturel de reconnaître et d'élever le fruit de ses œuvres.

Pourquoi n'avoir attribué les effets de la reconnaissance qu'à l'acte en forme authentique ?

« Qui faict l'enfant doit le nourrir, » disait Loysel dans son expressif langage. Cette règle n'était-elle pas l'expression de la vérité comme de la morale ? N'est-elle pas la loi même de la nature, et le droit nouveau ne s'est-il pas mis, en la contredisant, en opposition avec la conscience du genre humain ?

Quelle est donc la raison si puissante qui l'a jeté dans une aussi criante méconnaissance des sources habituelles de ses inspirations ?

On a allégué les incertitudes de la preuve, surtout le trouble jeté dans les familles par le scandale de certains procès. Nous discuterons tout à l'heure la valeur de ces préoccupations. Eussent-elles été fondées, il est permis de se demander si le danger restreint, et non assurément sans remède qui en pouvait résulter, pouvait être mis en balance avec le mal intense, continu, sans limite, qui devait naturellement sortir de l'affranchissement de toute contrainte.

Pour couper court à quelque scandale, on a créé l'irresponsabilité du libertinage.

La loi dit désormais à l'homme : Tu peux t'abandonner à tes caprices, multiplier tes fantaisies ; qu'aucune crainte ne t'arrête dans le cours de tes plaisirs. Eusses-tu employé la fraude ou prodigué les serments, eusses-tu donné le jour à un être formé de ton sang, je t'absous de ton indignité, je te délie de tes engagements, je supprime pour toi le devoir

et la loi et t'affranchis des conséquences de ta faute.
Secoue la poussière de tes pas. Quitte, sans regarder
en arrière, ce foyer où tu laisses une malheureuse
sans espoir et un enfant sans pain, et va, sans souci
ni remords, chercher ailleurs d'autres voluptés.

Comment la passion n'eût-elle pas mis en œuvre
tous ses artifices, toutes ses séductions? Et comment
la femme n'y eût-elle pas succombé?

Voilà, qu'on ne s'y méprenne pas, la cause princi-
pale, presque unique, de l'énorme proportion des
unions irrégulières. Voilà ce qui explique comment,
dans certains milieux, le mariage est tombé en défaveur, ce que la vie domestique a perdu de respect,
et comment la débauche, qui était autrefois la plaie
des classes riches et oisives, descendant jusque dans
le peuple, y vient corrompre la vie à ses sources les
plus saines et les plus pures.

Mais il faut aller plus avant pour sonder entièrement l'étendue du mal et se demander ce que, à côté
du libertin irresponsable et indifférent, devient la
femme qu'il a perdue, l'enfant qu'il a abandonné.

Pour la première, on sait ce que l'injustice des
mœurs, si complaisante pour le séducteur, lui réserve
de honte et d'implacable sévérité. Si elle est de bonne
famille, elle est pour jamais vouée au mépris, elle
et parfois les siens avec elle; si elle est d'humble
condition, sauf dans les centres industriels où la
fréquence du libertinage a eu raison des rigueurs de

l'opinion, qu'elle soit domestique, ouvrière ou employée, elle est bafouée, chassée, perdue. A moins qu'elle ne se relève par le patient et héroïque accomplissement de son devoir envers son enfant et que quelque brave homme, touché de son courage, ne consente à réparer la faute d'un autre en l'épousant, sa destinée sera le plus souvent, particulièrement dans les villes, après avoir dévoré ses dernières épargnes et usé ce qui lui reste d'énergie, d'aller grossir le contingent de la prostitution.

Je suppose que la colère amassée dans son cœur ne l'aura pas poussée à abandonner à son tour celui qui l'a fait abandonner, peut-être à le sacrifier ou à se livrer à l'art habile de quelque matrone.

Quant à l'enfant, pour un qui rencontre les soins affectueux d'une mère vraiment digne de ce nom, ou d'une famille qui consent à accepter la faute de sa naissance, combien végètent, s'étiolent et meurent avant d'avoir eu même le sentiment de la vie, victimes de la misère, de la faim, du manque de soin, parfois de la haine qui poursuit en eux leur père; combien de jetés à l'hospice, et ceux-là peut-être sont les plus heureux malgré l'effroyable mortalité qui les décime ?

Une fois les hasards du premier âge passés, quelle éducation, quelles conditions d'existence, quel avenir ! On frémit, on recule d'épouvante en interrogeant le mystère de leur vie.

Et de ceux-là, il en naît, d'après les derniers recensements, soixante-seize mille par année. L'ensemble de la population en contient actuellement plus d'un million et demi. Sur ce nombre, c'est à peine si cent mille peuvent nommer leur père, la reconnaissance de la paternité ne s'appliquant pas au quatorzième du nombre total.

Comment s'étonner que, bien qu'il ne représente qu'un vingt-quatrième de la population, l'enfant naturel soit le principal élément du recrutement de la prostitution, du crime, des désordres publics et des industries équivoques, et qui pourrait dire ce qui fermente de haine contre la société dans un pareil milieu ?

« N'y a-t-il pas là, dit M. Lacointa, avocat général de la Cour de cassation, une des causes indéniables de notre décadence, des malheurs publics, des plus épouvantables désastres [1] ? »

Irresponsabilité de l'homme, écrasement de la femme sous un fardeau disproportionné à ses forces, l'enfant livré à toutes les menaces de la misère, de l'ignorance, de la corruption, et devenant à son tour une menace pour la société, voilà les conséquences du nouveau principe désormais ainsi formulé dans la loi : « La recherche de la paternité est interdite (art. 340 du Code civil). »

1. *Recueil de l'Académie de législation de Toulouse*, 1874, page 292.

Chose étrange, c'est au moment où, par des textes plus précis, le législateur fortifiait ce principe primordial de la réparation due pour tout dommage causé, que Servan regardait déjà de son temps comme le pivot des sociétés modernes, qu'il affranchissait l'homme de la responsabilité du plus sensible des dommages. C'est lorsqu'il établissait l'égalité des droits entre héritiers sans distinction d'âge ni de sexe, et qu'il appliquait aux époux mariés sans contrat les règles de la communauté dont l'égalité est la base, qu'il instituait cette choquante inégalité entre les agents d'une même faute.

L'opinion a pu subir l'influence de la loi et faire un partage arbitraire des responsabilités, la conscience des juges a, du moins en dépit des textes, fait entendre de fréquentes et énergiques protestations.

Il est impossible, en effet, de ne pas attribuer ce caractère à la jurisprudence qui, tant au civil qu'au criminel, s'affirme chaque jour en ces matières.

Mis en présence des accusations d'infanticide ou d'avortement les plus avérés ou encore des attentats particuliers provoqués par l'abandon, chacun sait que, lorsqu'il y a eu notoirement séduction, le jury s'étonne de voir comparaître en liberté, et seulement comme témoin, celui qu'il considère à juste titre comme le premier coupable, et qu'il refuse de condamner pour ne point être inégal dans sa justice. Ainsi s'explique qu'en ces matières le nombre des acquittements soit de beaucoup plus considérable qu'il ne l'est en toute autre [1]: « La loi civile, comme le fait observer très justement un auteur, tient le Code pénal en échec [2]. »

Mis en présence des demandes les plus contraires aux termes précis de la loi, les juges civils transigent à leur tour et trouvent des moyens ingénieux de satisfaire leur conscience, la justice et la nature sans violer directement le texte.

C'est ainsi que, par une jurisprudence qui s'affirme chaque jour, ils accordent des dommages-intérêts à la femme abandonnée qui réclame, son enfant dans les bras. Le moyen est simple et se trouve indiqué dans de savants ouvrages. Plusieurs procédés peuvent même y conduire.

On peut, soit comme le conseille M. Morelot, ancien doyen à la faculté de droit de Dijon, déclarer en droit que l'action en réparation du préjudice causé par la naissance d'un enfant est différente de celle

---

1. Les chiffres extraits des statistiques publiées par le Ministère de la Justice sont les suivants de 1866 à 1876 :

	Nombre des accusés	Acquittements	Proportion.
Infanticides....	2,167	660	} 33 pour 100.
Avortements..	495	219	

La moyenne des acquittements pour les autres années est de 25 pour 100.

2. Jacquier, *Des Preuves et de la Recherche de la paternité naturelle*, p. 53.

en recherche de paternité[1], soit plus simplement, comme l'indique M. Marcadé, recourir à une simple habileté de rédaction, « admettre les choses en écartant les mots... et attribuer consciencieusement à la victime toute la réparation qui peut lui être due... *mais* ne rien écrire dans les pièces de la procédure et surtout dans le jugement qui contienne une attribution de paternité, l'art. 340 ne le permettant pas [2] ».

Un arrêt de la Cour de Bastia, du 3 février 1834, paraît avoir fait la première la distinction entre la demande en réparation fondée sur l'art. 1382 et l'action en recherche de paternité. Il n'avait point osé toutefois, bien que des aliments fussent réclamés en faveur de l'enfant né de la séduction, aller jusqu'au bout de la doctrine qu'il inaugurait, et il s'était borné à accorder des dommages-intérêts à la mère, « sans rechercher si l'enfant qu'elle avait mis au jour était le fruit de son union ».

Depuis, la jurisprudence a maintes fois franchi cette limite. Pour parler d'abord des Cours d'appel, nous citerons notamment les arrêts suivants :

Bordeaux, 5 août 1847, 5 janvier 1848 et encore 23 novembre 1852.

Caen, 6 juin 1850 et 10 juin 1862.

---

1. *De la Reconnaissance des enfants illégitimes*, p. 272.
2. *Revue de la jurisprudence*, tome III, p. 205.

Montpellier, 10 mai 1851.

Dijon, 16 avril 1861.

Colmar, 31 décembre 1863.

Aix, 8 avril 1873.

Angers, 30 avril 1873.

Leur doctrine est fort bien résumée dans les sommaires suivants par lesquels les Tables périodiques de Dalloz ont analysé certains d'entre eux [1] :

« Une femme peut être admise à prouver à l'appui d'une demande en dommages-intérêts formée par elle à raison de l'inexécution d'une promesse de mariage que celui de qui cette promesse est émanée *est l'auteur de sa grossesse*. On dirait vainement que c'est là autoriser la recherche de la paternité dans un cas où la loi ne le permet pas. » — 6 juin 1850, Caen. — 10 mai 1851, Montpellier.

« La réparation doit comprendre soit les pertes matérielles actuellement réalisées, soit celles qui seraient les conséquences nécessaires du tort fait à la réputation et notamment *de la grossesse et de l'accouchement de la fille délaissée*. » — Même arrêt de Caen.

Et encore : « La séduction exercée sur une jeune fille au moyen d'une promesse de mariage, et de laquelle est *résultée une grossesse*, constitue un quasi-délit qui peut motiver contre son auteur une ac-

---

[1]. Au mot : Promesse de mariage, nos 8 et 12.

tion en dommages-intérêts. » — Arrêt de Colmar, 31 déc. 1863.

Il est bien entendu que, dans ces diverses espèces, comme dans toutes celles citées simplement par leurs dates, il y avait eu naissance d'enfants et que c'était surtout en vue des charges résultant de leur entretien et de leur éducation que les actions étaient dirigées. L'arrêt de Caen confirmait un jugement du tribunal de Vire qui, prenant toute liberté avec la loi, accordait une pension viagère de 500 fr. à chacun des six enfants nés de la demanderesse.

C'est donc par euphémisme et pour se conformer à la recommandation d' « admettre les choses en écartant les mots » que les arrêts ne parlent que de grossesse.

La Cour de cassation a suivi ce mouvement d'opinion, et par ses trois arrêts des 27 mai 1862, 26 juillet 1864 et 15 janvier 1873, elle a décidé formellement :

Que les tribunaux pouvaient prendre pour base légitime d'une réparation civile l'engagement pris par le séducteur de subvenir à l'entretien d'un enfant non reconnu, alors même que cet engagement résulterait non d'un acte mais d'une simple correspondance, ou même d'un ensemble de circonstances, alors même que l'enfant serait adultérin, et qu'ils devaient, lorsque la fille séduite était dans l'impossibilité de pourvoir à la subsistance de ses enfants, avoir égard, dans la fixation et le mode d'allocation des dommages-intérêts, au nombre de ces derniers.

Nous ne pouvons qu'applaudir à une semblable doctrine. Elle n'est que la stricte application des règles de la conscience, du droit naturel, de la morale.

Mais il nous sera permis de nous demander ce qu'elle fait de la loi. N'est-ce point, en effet, admettre formellement la recherche de la paternité que de permettre d'établir un lien, fût-il simplement alimentaire, entre l'enfant et celui qu'on réclame pour son père, et la Cour de cassation n'était-elle pas davantage dans la vérité légale lorsqu'elle disait, le 26 mars 1806, que l'effet de l'article 340 était d'interdire absolument toute recherche « même relativement aux aliments pour l'enfant, aux frais de gésine et aux dommages-intérêts pour la mère, par la raison que la paternité étant un fait indivisible, *un homme ne peut être père pour un cas et ne l'être pas pour un autre* ».

En même temps que les magistrats, les commentateurs de la loi ne pouvaient manquer de sentir combien la règle nouvelle heurtait les principes et, tout en la respectant, de trahir du moins dans leurs écrits la préoccupation d'en restreindre les effets.

Je ne parle pas de ceux qui, comme Proudhon ou M. Valette, se sont nettement prononcé sur l'opportunité de son abrogation, mais de ceux qui, sans la critiquer, cherchent à en assurer une raisonnable application.

Nous avons vu comment MM. Morelot et Marcadé avaient cherché à concilier les trop criantes réclamations de la morale avec le texte. L'éminent M. Demolombe, sans approuver ni leur doctrine, ni celle des tribunaux, ne peut pas davantage se soustraire au besoin d'apporter quelque adoucissement à l'interdiction si rigoureuse de l'article 340.

Après avoir étendu, contrairement à l'esprit et même au texte de la loi, l'exception unique qu'elle contient pour le cas de rapt par violence, à ceux de viol et d'enlèvement par séduction, n'enseigne-t-il pas que la reconnaissance de l'enfant naturel peut résulter de la possession d'état ?

Sans doute « la possession d'état est une véritable reconnaissance. Lorsqu'un homme a constamment et publiquement traité un enfant comme le sien, lorsqu'il l'a présenté comme tel dans sa famille, dans la société, lorsqu'il lui a donné son nom, lorsqu'il a, en qualité de père, toujours pourvu à ses besoins, à son entretien, à son éducation, il est impossible de ne pas dire qu'il l'a reconnu [1] ».

Sans doute encore « la possession d'état est la plus ancienne, la première preuve de l'état des hommes ».

---

1. Demolombe, *Traité de la paternité et de la filiation*, p. 486.

La reconnaissance de fait est donc évidente, mais comment lui accorder les conséquences légales en présence de la double règle si impérativement formulée par les articles 340 et 334 ?

La recherche de la paternité est interdite.

La paternité naturelle ne peut résulter, à défaut d'acte de naissance, que d'un acte authentique.

Malgré les quelques autorités qui depuis 1835, époque à laquelle cette thèse a été pour la première fois produite, y ont donné leur assentiment, il n'est donc possible d'y voir qu'une de ces protestations dont le mécontentement de la conscience, en présence d'une solution qui la trouble, impose inconsciemment le joug à l'esprit.

Une observation nous confirme dans cette pensée. C'est que, malgré la tendance de la magistrature à chercher des tempéraments à la loi, jamais encore aucun document de jurisprudence ne paraît l'avoir consacrée.

Cette résistance des organes de la loi et de ses interprètes est d'une grande portée.

L'innovation que nous combattons peut-elle du moins s'autoriser de l'exemple des législations étrangères ?

Nullement. Aucun État, avant 1803, n'avait cru pouvoir priver l'enfant issu de relations illégitimes du droit de réclamer son père, et depuis, la Belgique, qui a adopté la loi civile française dans son ensemble, et le pays de Vaud qui, en 1855, à la suite de quelques désordres motivés par une législation excessive, se l'est assimilée, sont les seuls qui nous aient suivis[1].

Un rapide examen va le démontrer.

En Angleterre, d'anciennes traditions condamnaient le père dénoncé, sous serment reçu devant le magistrat, par la femme enceinte ou récemment accouchée, à répondre de l'entretien de l'enfant, et à fournir caution jusqu'à ce que la justice eût prononcé.

Le père de la femme séduite pouvait même, dans certains cas, intenter une action contre le séducteur.

D'après un acte récent de.., *Act to amend the bastardy laws*, la mère naturelle peut actionner le père présumé, dans le délai d'une année après l'accouchement ou après le retour du père, s'il est au loin. La pension est due jusqu'à ce que l'enfant ait atteint treize ans. Elle peut s'élever jusqu'à cinq schellings par semaine.

Les États-Unis ont à peu de chose près la même législation. La recherche de la paternité y est partout autorisée. Elle ne peut toutefois avoir lieu que dans

---

[1]. M. de Saint-Joseph cite encore dans sa *Concordance des codes étrangers avec la loi française*, la Pologne, la Bolivie et la Serbie. Quant aux petits États italiens ou allemands qu'il indique encore, ils sont soumis aux législations nouvelles du royaume d'Italie ou de l'empire d'Allemagne.

un délai assez court. Dans l'Illinois. l'acte récent du 3 avril 1872 attribue la connaissance du procès à un jury ordinaire devant lequel tous les moyens de preuves sont admis de la part du défendeur. La mère doit préalablement porter plainte, sous serment comme en Angleterre, devant le juge de paix du comté. Le maximum de la pension est fixé à 100 dollars pour la première année, et 50 pour chacune des suivantes.

La durée est de dix ans.

L'unité de législation civile pour tous les États de l'Empire allemand n'a pas encore été réalisée. Une commission spéciale élabore depuis plusieurs années un projet de Code civil, dont deux chapitres seulement (Constatation de l'état des personnes, et Célébration du mariage), sont devenus exécutoires par la loi du 6 février 1875.

Sur les autres points, chaque pays est donc encore régi par ses anciennes lois.

Sans entrer dans l'examen des diverses législations, il nous suffira de dire que les principales, notamment le Code prussien et le Code bavarois, admettent la recherche de la paternité.

La loi pénale, faite d'abord pour la Confédération du Nord, aujourd'hui commune à tout l'Empire allemand, fait de plus de la séduction un véritable délit et le punit d'un an d'emprisonnement, quand la fille séduite a moins de seize ans.

L'Autriche va plus loin. Le fait seul du concubinage y établit une présomption de paternité, lorsqu'il a existé pendant le temps qui a couru depuis le trois centième jusqu'au cent quatre-vingtième jour avant la naissance de l'enfant.

« Celui qui est convaincu de paternité, dit l'article
» 163 du Code civil, de la manière prescrite par le
» Code de procédure, ou celui qui a cohabité avec
» la mère d'un enfant, est présumé en être le père,
» quand l'enfant est né dans les termes de l'art. 138
» (lequel est analogue à l'art. 312 de notre Code civil). »

En Suisse, la loi valaisanne admet la recherche, dans un très grand nombre de cas, et ne rejette l'action en paternité que si le défendeur prouve la cohabitation avec un autre homme dans le temps de la conception (Art. 144 du Code civil).

Dans le canton de Glaris, le nouveau Code (1869-1874) dispose dans son art. 103 : « La femme glarionnaise ou suisse a le droit de poursuivre l'auteur de sa grossesse, sous la double condition qu'il ait dans le canton son domicile légal et que, dans les six premiers mois de sa grossesse, elle en ait informé le ministre de sa religion le plus voisin. »

Dans les cantons d'Argovie, de Bâle, de Berne, de Fribourg, Lucerne, Saint-Gall, Soleure et Zurich, la paternité peut même être déclarée d'office. La particularité de cette règle s'explique par cette circonstance que, si l'enfant n'est pas *adjugé*, c'est le terme de la loi, au père ou à la mère, il tombe à la charge de la commune [1].

L'Espagne admet la recherche de la paternité, ainsi que le Portugal.

Le Code italien ne l'autorise que dans le cas d'enlèvement et de viol (art. 189). Mais, en dehors de cela, il permet à l'enfant naturel d'intenter une action en pension alimentaire :

1° Si la paternité ou la maternité résulte indirectement d'un jugement civil ou pénal ;

2° Si la paternité ou la maternité dérive d'un jugement déclaré nul ;

3° Si la paternité ou la maternité résulte d'une déclaration explicite faite par écrit par le père ou la mère (art. 193).

Il convient d'ajouter que les effets de la reconnaissance de la paternité ne sont pas partout de créer à l'enfant naturel des droits dans la famille de son père, mais partout ils lui assurent du moins des aliments.

Quels sont donc les puissants motifs qui, malgré les principes de droit naturel, les prescriptions de la morale, les enseignements de l'Église et l'exemple à peu près unanime des législations étrangères, ont déterminé les législateurs de 1803 ? Il est temps de les rechercher.

[1]. De Saint-Joseph, *Concordance entre les codes civils étrangers et le code Napoléon*, 2ᵉ édition, pages 25 et 26.

Les comptes rendus des travaux préparatoires du Code civil nous les révèlent.

C'est d'abord le souvenir des abus des temps passés, de ces « intrigantes qui, nées dans les conditions les » plus abjectes, avaient l'inconcevable hardiesse de » prétendre s'introduire dans les familles les plus » distinguées et surtout les plus opulentes. » (Lahary au Tribunat, 28 ventôse an XI.)

C'est ensuite le scandale de ces « inquisitions, qui » peu secourables pour l'enfant abandonné, portaient » toujours la discorde dans les familles ». (Duveyrier au Corps législatif, 2 germinal an XI).

C'est encore l'impossibilité d'établir la preuve certaine de la paternité, « la nature ayant couvert » d'un voile impénétrable la transmission de notre » existence. » (Bigot-Préameneu.)

C'est enfin cette considération que les femmes deviendraient plus réservées lorsqu'elles sauraient qu'en se livrant à un homme en dehors du mariage elles seraient exposées à avoir seules le fardeau de l'enfant. « Combien une telle loi, disait le tribun Lahary, aurait puissamment influé sur nos mœurs il y a un demi-siècle..... Mais quoique tardive, elle n'en opère pas moins les heureux résultats qu'on doit en attendre, puisque l'effet des bonnes lois est d'amener insensiblement les bonnes mœurs [1]. »

---

[1]. Locré, tome VI, p. 267.

Comme on le voit, aucune de ces objections ne contestait la réalité du devoir qui incombe au père naturel, ni le droit, qui en est la conséquence, au profit de l'enfant. On se bornait à en critiquer et à en interdire les effets comme pouvant être une cause de dangers et une excitation au libertinage.

Pour parler d'abord de la dernière considération, on voit comment les faits ont répondu aux espérances de Lahary. Déjà, tandis que la loi se discutait, Malleville l'avait pressenti. « Il n'est pas constant, disait-il, que, depuis ces lois, les filles soient devenues plus chastes[1]. » C'était une illusion de croire que pour prévenir le libertinage il suffisait de menacer la femme seule de ses conséquences. L'innocence trompée ne peut sentir un frein que la confiance dans les promesses reçues ou l'aveuglement de la passion lui dissimule, et la dépravation trouve trop de profits et d'attraits dans la débauche, trop de ressources, avouables ou non, pour se débarrasser du fardeau qui l'incommode, pour s'arrêter devant lui.

« La loi actuelle, dit très justement le Père Toulemont, semble agir d'une certaine manière sur le sexe féminin pour le détourner de la tentation de se laisser séduire. Mais, en réalité, elle ne fait que l'exposer davantage à ce péril, parce qu'en assurant

---

1. Locré, tome VI, p. 122.

l'impunité à l'autre sexe, elle l'invite en quelque sorte et le provoque à séduire. C'est-à-dire qu'en présence de deux forces qui concourent très inégalement à la séduction, la loi, au lieu de comprimer la plus puissante et la plus fougueuse, lui vient en aide et lui communique une impulsion nouvelle [1]. »

Les documents que nous avons cités au début de cette étude démontrent ce qu'il y avait, en effet, de chimérique dans les espérances qu'on exprimait. Loin d'être une mesure protectrice des mœurs, le principe nouveau semble avoir contribué à les altérer profondément.

La difficulté d'établir la preuve était-elle un argument plus sérieux ? Il est permis d'en douter, quand on voit qu'elle n'a point empêché le législateur d'accorder le droit de demander des aliments et par conséquent de prouver sa filiation à l'enfant naturel adultérin ou incestueux (art. 762), lorsque surtout l'art. 339 donne à tous ceux qui y ont intérêt la faculté de « contester la reconnaissance de la part du père ou de la mère de même que toute réclamation de la part de l'enfant », c'est-à-dire la faculté bien autrement délicate d'établir la non-existence du fait si mystérieux de la naissance.

Serait-il d'ailleurs admissible que la difficulté d'établir un droit le fît sacrifier ?

---

1. *Études religieuses*, février 1874, page 256.

Les autres motifs ont, il faut le reconnaître, plus de gravité.

Il n'est pas douteux que, sous l'ancienne législation, des désordres s'étaient produits ; que des familles honorables avaient été troublées par d'indignes spéculations, que des femmes sans pudeur n'avaient pas craint d'introduire, dans un but manifeste de chantage, les actions les plus téméraires contre des hommes justement honorés ; il ne peut être davantage contesté que de semblables instances étaient des sources de scandale et de discorde dans les familles.

Mais il convient d'examiner si ces conséquences découlaient bien de l'action elle-même, ou si elles n'étaient pas produites par quelque circonstance indépendante et dont elle eût pu être facilement isolée. L'étude de la procédure qui régissait la preuve en cette matière donne à cet égard une complète lumière.

Creditur virgini dicenti se ab aliquo cognitam et ex eo prægnantem esse, avait dit au XVI° siècle le Président Fabre et il n'est pas douteux que cette règle légèrement modifiée *virgini parturienti creditur* n'était devenue la loi de l'ancien droit.

Ainsi la paternité était prononcée sur la foi seule de la mère, pourvu qu'elle ait fait serment au milieu des douleurs de l'enfantement.

Il est vrai que la règle de Favre ajoutait : *meretrici*

non item, nisi constet habitasse meretricem cum eo a quo se dicit cognitam, ce qui ne permettait d'admettre la réclamation de la fille de mœurs dissolues dont la parole ne pouvait mériter la même foi que celle de la vierge victime d'une première séduction, qu'autant qu'à son serment s'ajoutait la justification d'un commerce avec le père prétendu.

Il est vrai encore que la rigueur de la règle avait porté le Parlement de Paris à exiger même dans le premier cas des présomptions de cohabitation, ce que l'ancien Denizard traduisait ainsi : « Il est reconnu en principe que la réunion des deux présomptions, c'est-à-dire de la déclaration de grossesse et des familiarités révélatrices du commerce charnel constituent la preuve sur laquelle il est permis de se décider ; qu'une seule, quelque forte qu'elle paraisse, est insuffisante. »

Mais combien étaient faibles ces prétendues garanties ! La justification de la relation la plus accidentelle, pourvu qu'elle fût accompagnée du serment, suffisait à contraindre la conscience des juges.

C'est ce qui faisait dire à Loiseau : « C'est alors qu'on vit des hommes chastes et vertueux devenir pères du jour au lendemain *en vertu de la fameuse maxime*, et des filles éhontées mentir à leur conscience, même au milieu des convulsions du plus pénible enfantement. »

C'est le scandale qui inspirait à Servan ces énergiques paroles : « Dans un siècle où le peuple a conservé ses mœurs peut-être on pourrait se confier à la déclaration d'une jeune fille et j'aurais aussi condamné Manlius, dont on vous a tant parlé, sur la seule déposition d'une fille qui touchait au temps des Lucrèce ! Temps vertueux ! siècle des mœurs ! Allez, allez, gardez vos histoires. Elles nous paraîtront des fables et le moment de jurer sur la foi d'une fille est bien loin de nous [1]. »

Comprend-on maintenant la fréquence « des audacieuses réclamations d'état dont on assiégeait de toutes parts les tribunaux, » au rapport du tribun Lahary, et le trouble que ces actions jetaient dans les familles.

Mais le droit n'est plus aujourd'hui enfermé dans l'étroit formalisme de l'ancienne jurisprudence. Avec la latitude que les principes modernes assurent aujourd'hui à la liberté du débat judiciaire, avec la liberté également absolue qui appartient d'abord à la contradiction, ensuite à l'appréciation du juge désormais dégagée de toute entrave, suppose-t-on que ces désordres eussent pu se produire ?

Est-il admissible qu'à l'heure qu'il est un homme de mœurs pures pût être condamné sur la demande d'une fille-mère poursuivant une paternité souvent équivoque pour elle-même ? L'est-il même que quel-

---

1. Servan, tome I, page 414.

ques privautés judiciairement établies pussent entraîner la reconnaissance de la filiation ?

On dit la preuve difficile, et rien n'est plus vrai. Que ceux qui redoutent des demandes injustes ou téméraires se rassurent, cette difficulté profitera au père injustement réclamé.

Mais il suffira, dira-t-on, que l'action puisse être intentée pour qu'il y ait scandale. La règle actuelle empêche-t-elle les procès de cette nature ? Non, car la jurisprudence, en autorisant avec raison la réclamation de dommages-intérêts, les a de nouveau déchaînés. S'il y a donc danger, le danger existe actuellement, et la modification à la loi que nous proposons n'y ajoutera rien.

Mais qu'on se rassure, si ce prétendu danger pouvait se rencontrer, ce ne serait que pour l'homme de mœurs légères, dont la loi n'a point apparemment le devoir de couvrir les imprudences. Il n'existe pas pour celui que sa réputation protège devant les tribunaux. L'expérience en est faite depuis qu'existe la jurisprudence qui vient d'être rappelée. On sait de quelle flétrissure l'indignation du magistrat marquerait l'action odieuse qu'inspirerait un sentiment de cupidité ou une pensée de calomnie. La loi pénale, d'ailleurs, exposerait gravement son auteur. Ce double frein est suffisant.

Les motifs qui ont déterminé les législateurs de 1803 sont donc insuffisants ou exagérés.

Y eût-il des abus à redouter, ce ne pourrait être une raison pour paralyser l'exercice d'un droit primordial. La loi n'a pas jusqu'à présent interdit les procès pour adultère, viol, attentats aux mœurs, proxénétisme, ni ceux en séparation de corps, en désaveu de paternité, en réclamation d'état ou en pensions alimentaires. Ils fournissent cependant les uns et les autres un puissant aliment au scandale et des armes redoutables au chantage et à la calomnie. Elle a sagement fait, car au-dessus de la crainte de jeter le trouble dans les familles et d'atteindre quelques réputations, il y a l'intérêt supérieur pour les uns de la répression, pour les autres de la dignité du mariage, ou d'un devoir impérieux à exiger.

Il en est de même pour l'action qui nous occupe. Prenant sa source à la fois dans l'obligation naturelle d'assurer l'existence de ceux auxquels on a donné la vie, et dans le devoir de réparer le préjudice causé, elle a un caractère de haute moralité et de justice qui ne peut permettre de la subordonner à des préoccupations d'un ordre moindre.

Il n'est point d'ailleurs impossible, tout en rétablissant le principe, d'en subordonner l'exercice à certaines conditions propres à prévenir les abus qu'une trop large application entraîne, dit-on, dans certains pays, et c'est, comme on ne tardera pas à le voir, ce que réalise par certaines de ses dispositions le projet soumis au Sénat.

Résumons : ce qui frappe d'abord l'esprit, c'est la contradiction que l'art. 340 inflige aux principes sur lesquels reposent les principales assises des lois modernes. Contradiction avec le droit naturel, les devoirs de la conscience et de l'honneur ; négation de la responsabilité au profit de l'auteur du plus sensible et du plus dommageable préjudice.

C'est ensuite l'inégalité entre les deux auteurs d'une faute commune et l'injustice qui rejette tout le fardeau sur celui qui est habituellement le moins coupable, qui est en même temps le plus faible et sur qui les conditions sociales font peser plus lourdement l'existence, injustice et inégalité qui justifient ces sévères paroles d'un des auteurs du projet : « N'ai-je pas le droit de dire, à la vue de cette situation, que je ne sais quel esprit guerrier et conquérant altère jusqu'à l'ordre et à l'harmonie de nos rapports civils, et que notre législation enfin, comparée à celle des races germaniques et anglo-saxonnes, paraît être celle d'un peuple de soldats habitués à traiter la femme comme un butin fait sur l'ennemi [1]. »

Ce sont enfin ces conséquences indéniables : la femme considérée comme un instrument de plaisir, l'homme délivré de tout frein, le mariage délaissé, le dérèglement des mœurs encouragé, le nombre des enfants légitimes décroissant, celui des enfants natu-

1. M. Foucher de Careil, *Bulletin de la Société internationale d'études pratiques d'économie sociale*, tome I, page 36.

rels augmentant sans mesure et avec eux la multitude toujours menaçante pour la société de déclassés de tout sexe, prostituées, gens sans aveu, chevaliers d'industrie ; car si, comme le disait le tribun Lahary, les bonnes lois amènent les bonnes mœurs, les mauvaises lois ne sont qu'une source de mauvaises mœurs et de dangers publics.

Il semble du reste que l'opinion soit aujourd'hui formée ; de toutes parts, dans les livres, dans les journaux, des esprits éclairés demandent la modification de l'art. 340 de notre Code.

Comme l'a fait remarquer un écrivain dont nous ne partageons pas toutes les opinions sur le remède à trouver, mais qui a défendu avec chaleur les droits de l'enfant naturel, la question de la recherche de la paternité est un terrain neutre. Catholiques et hérétiques, autoritaires et libéraux, hommes de l'idée et hommes du fait, littérateurs et publicistes, statisticiens et jurisconsultes s'y sont rencontrés [1].

Nous n'avons pas la prétention de les connaître tous. Nous citerons seulement d'après M. Lacointa, et la liste bien qu'incomplète est déjà longue : MM. Jules Simon (*l'Ouvrière*, pp. 298 et 299) ; — Alexandre Dumas'fils (*Théâtre complet*, Paris, 1868, t. Ier, p. 46) ; — Villermé (*Tableau de l'état physique*

---

1. M. Émile Accolas, *Le droit de l'enfant. L'enfant né hors mariage*, 2e édition, Paris 1870, pages 101 et s. Marescq aîné, éditeur.

et moral des ouvriers) ; — Eugène Poitou, président de Chambre à Angers *(le Roman et les Théâtres contemporains)* ; — Alexandre Weill *(Que deviendront nos Filles ?)* ; — Focillon *(Ouvrières des Deux Mondes,* t. Ier, p. 145) ; — Alphonse Esquiros *(Des Enfants trouvés, Revue des Deux-Mondes,* 15 mars 1846) ; — Albert Gigot, aujourd'hui préfet de police *(Ouvriers des Deux Mondes,* t. III, p. 276) ; — Arm. Hayem *(le Mariage)* ; — Assolant *(le Droit des Femmes)* ; — Léon Richer *(le Livre des Femmes)* ; — Le Père Toulemont *(Etudes religieuses, philosophiques,* etc., nov. déc. 1873 et février 1874) ; — Valette, sur Proudhon. — Bonnier *(Revue pratique,* t. X, 1860) ; — Charles Jacquier *(des Preuves et de la Recherche de la paternité naturelle)* ; Legoyt. — *(des Naissances illégitimes en Europe. Correspondant* 10 février 1874) ; — Morelot *(De la reconnaissance des enfants illégitimes)* ; — Laurent *(Revue catholique des institutions et du droit,* t. Ier, p. 574) ; — Rodière *(les Grands jurisconsultes)* ; — Arnault *(le Droit, l'Économie politique et l'Insurrection du 18 mars* 1871) ; — Émile Accolas *(le droit de l'Enfant,* 2e édition, Paris, 1870).

Auxquels il faut ajouter MM. Lacointa, avocat général à la Cour de cassation, ancien directeur des affaires criminelles et des grâces ; — Cheysson, ingénieur-directeur des usines du Creuzot *(Recueil de l'académie de Toulouse,* 1874, p. 296) ; — Le Play *(l'Organisation du travail)* ; — Devinck, ancien président du tribunal de commerce de la Seine; — Foucher de Careil *(loco citato)*; — Laurent, professeur agrégé à la Faculté de Toulouse *(Revue catholique des institutions et du droit,* t. Ier, p. 574); — Docteur Brochard *(De l'Allaitement maternel);* — Delvincourt *(Cours de Code civil,* t. Ier, pp. 387 et 388. — Legouvé, de l'Académie française; — Barthélemy Joubaire *(Essai sur la révision du Code civil,* titre VII, p. 41).

Cet accord entre des hommes des opinions les plus diverses, les plus contraires en politique, en littérature, en religion, est la plus énergique démonstration de la nécessité d'une réforme.

Il doit clore ce débat.

Au point de vue où nous sommes parvenus la proposition de modifier l'art. 340 du Code civil se trouve justifiée. L'examen historique de la question, l'étude des motifs qui ont inspiré les législateurs de 1803, les résultats funestes de leur système, la comparaison des législations étrangères, les efforts de la jurisprudence française et des commentateurs pour tempérer la rigueur de la loi, tout démontre la nécessité d'amender une règle aussi sévère.

Mais convient-il d'autoriser d'une manière absolue la recherche de la paternité, ou au contraire doit-on subordonner l'exercice de l'action à des conditions déterminées, l'entourer de justes garanties? C'est ce qu'il nous reste à examiner.

Bien des projets ont été proposés. Les uns, dépassant les limites de la question, veulent assimiler entièrement le droit de l'enfant naturel à celui de l'enfant légitime. C'était la pensée de Cambacérès, aujourd'hui soutenue par M. Accolas.

D'autres, empruntant seulement à cette opinion ce qui se rattache à la recherche de la paternité, veulent qu'elle puisse être absolue, même pour l'enfant adultérin ou incestueux.

Une école moins radicale se borne à demander que quelques exceptions nouvelles, telles que le rapt par séduction, le viol et la possession d'état soient ajoutées au cas unique admis par l'article 340.

La plupart des projets admettent en outre la mère comme l'enfant au bénéfice de ces diverses modifications.

Nous trouvons les unes excessives et les autres insuffisantes.

Il ne serait pas possible d'admettre tout enfant naturel, même le *vulgo conceptus*, même l'adultérin ou l'incestueux, à la recherche, sans risquer de ramener les abus dont l'opinion, hostile à toute réforme, se fait actuellement une arme. D'un autre côté, l'exclusion de l'enfant qui est notoirement le fruit de la séduction, s'il n'y a pas eu enlèvement consommé, serait injuste, et réduirait presque à rien l'effet de la loi nouvelle.

Enfin nous critiquons la disposition qui laisse à la

mère la direction de l'action. C'est par là, en effet, que le chantage et la calomnie peuvent surtout s'introduire.

Pour parler d'abord de ce dernier point, c'est ici que nous proposons de placer la précaution la plus efficace pour prévenir les abus qu'on redoute. Cette précaution, on l'a pressenti, consisterait à enlever l'action en recherche à la mère pour la faire uniquement reposer sur la tête de l'enfant, assisté d'un tuteur *ad hoc* désigné par un conseil de famille. Ainsi disparaîtraient assurément les demandes inspirées par la passion, l'esprit de vengeance ou de spéculation.

Elle est, dira-t-on d'abord, inhumaine envers la mère.

Elle méconnaît son droit de tutelle, qui a quelque chose de plus personnel vis-à-vis de l'enfant naturel, dépouillé de toute autre protection.

Il est facile de répondre à l'une et à l'autre. La jurisprudence actuelle accordant avec raison à la mère ce qu'on pourrait appeler l'action en séduction, elle n'a pas besoin de cette demande nouvelle pour obtenir une juste réparation du dommage qu'elle souffre. Il est vrai que la légitimité de cette jurisprudence a été contestée, et quelques arrêts refusent encore de s'y soumettre (Rennes, 11 avril 1866). Mais ces critiques et ces résistances ne sont motivées que sur la contradiction que cette doctrine établit, lorsqu'il y a des enfants, avec la prohibition de l'art. 340. L'interdiction de la recherche n'existant plus en ce qui touche l'enfant, la demande de la mère, fondée sur l'art. 1382 ne rencontrera plus d'obstacle.

Quant à la méconnaissance du droit de tutelle, elle est suffisamment justifiée par l'analogie tirée de l'art. 318 en matière de désaveu. Elle n'aurait d'ailleurs d'importance que si la défense des intérêts de l'enfant pouvait en être compromise. Tout porte à croire au contraire qu'entourée de conseils désintéressés, et dégagée de toute solidarité avec les sentiments divers qui peuvent animer la mère, cette défense aura plus d'autorité et rencontrera plus de sympathie.

Ce sera en effet une sérieuse garantie pour la justice en même temps que pour la société, qu'avant toute demande un conseil de famille se soit prononcé sur la légitimité de l'action, et qu'un tuteur *ad hoc* nommé par lui en ait accepté la responsabilité.

A cette première précaution formulée dans l'art. 2 du projet, l'art. 3 en joint une autre.

Comme en matière de séparation de corps, il y aura comparution, avant de saisir l'audience, devant le président du Tribunal. Une requête motivée fera connaître à ce magistrat les faits et les moyens de la demande. Il appellera les parties à son cabinet. Ces dernières comparaîtront en personne sans pouvoir se faire assister d'avoués ni de conseils. Le Président leur fera les représentations qu'il croira utiles, ce sont les termes mêmes des art. 877 et 878 du Code de procédure, et ne les renverra à se pourvoir devant le tribunal qu'en cas de non-conciliation.

Enfin l'art. 4 n'admet la preuve par témoin que dans les conditions spécifiées par l'art. 323 du Code civil en matière de recherche de la filiation légitime, c'est-à-dire lorsqu'il y a commencement de preuve par écrit ou lorsque les présomptions ou indices résultant des faits constants sont assez graves pour déterminer l'admission, et réserve la plénitude de la preuve contraire, suivant les termes de l'art. 324. Le tribunal sera donc toujours maître, s'il croit se trouver en présence d'une action injuste, d'empêcher le scandale de dépositions inutiles.

Pense-t-on qu'une demande téméraire puisse franchir ces trois degrés successifs d'épreuve ? On pourrait plutôt faire à cette organisation le reproche de créer une entrave aux réclamations légitimes. Nous ne pensons pas toutefois qu'il en doive davantage être ainsi. Il ne nous paraît pas douteux que, si l'action téméraire doit rencontrer à chacun des pas de la procédure nouvelle un obstacle à peu près infranchissable, l'action bien fondée y gagnera de la force et de l'autorité.

Pour mieux préciser, quel est le conseil de famille qui ne serait empressé, après de vaines tentatives pour obtenir du père naturel qu'il accomplisse son devoir, de donner son approbation à une demande en justice ? Quel est le tuteur qui refuserait son concours ? Pour qui la comparution devant le président du tribunal offrirait-elle un danger, sinon pour le père seul dont l'inhumanité se refuserait à toute transaction ? Enfin, qu'est-ce que l'enfant pourrait avoir à redouter au point de vue de l'admission de la preuve orale, si déjà les préliminaires des procès avaient bien disposé les juges ?

Ajoutons, pour épuiser ces détails de procédure, que la prescription serait de six mois après la majorité de l'enfant naturel. On comprendra facilement à la fois que l'exercice du droit ne puisse cesser plus tôt, l'existence de l'enfant devant être assurée jusqu'à sa majorité ; ni qu'il puisse se prolonger plus longtemps au delà de cette époque. Il suffit en effet que l'enfant, au nom duquel on n'aura pas durant sa minorité exercé l'action, puisse avoir le temps nécessaire pour se prononcer sur la question de savoir s'il agira personnellement. Si, dans les six mois, il ne prend pas son parti, il y a présomption ou qu'il n'a pas entre les mains des moyens de preuve suffisante, ou qu'il est désintéressé.

Mais vingt et un ans et six mois ne sont-ils pas un délai trop long pour l'autre partie ? N'est-ce pas tenir le père prétendu dans une trop longue angoisse ? — L'intérêt de l'enfant doit ici dominer. Le père aura d'ailleurs toujours la ressource, s'il a à redouter une action fondée, soit de transiger, soit d'user de la faculté que lui accorde l'art. 761 [1].

Reste à faire connaître les cas dans lesquels la recherche sera permise.

Nous avons dit que nous repoussions les formules trop générales, nous en avons deux raisons.

En premier lieu, l'enfant né d'une prostituée, celui qu'on appelle *vulgo conceptus*, en profiterait, l'adultérin et l'incestueux également. Sans doute, c'est un principe de droit naturel : que le père est obligé envers l'enfant auquel il a donné le jour, et la conséquence de ce principe doit être logiquement que, si le père se dérobe à l'accomplissement de ses devoirs, l'enfant puisse le rechercher pour le contraindre à les remplir.

Mais la morale n'est point ici d'accord avec la logique. La conscience publique serait profondément blessée que la paternité de hasard et la paternité criminelle pussent participer au bénéfice d'une semblable disposition. Il y a là une barrière qu'il est opportun et juste de conserver. La mère est d'ailleurs sans excuse de s'être abandonnée dans ces conditions.

---

[1]. « Toute réclamation leur est interdite (aux enfants naturels) lorsqu'ils auront reçu, du vivant de leur père ou de leur mère, la moitié de ce qui leur est attribué par les articles précédents, avec déclaration expresse, de la part de leur père ou mère, que leur intention est de réduire l'enfant naturel à la portion qu'ils lui ont assignée. »

Pour l'enfant la défaveur ou la tache de sa naissance est telle que ce serait un outrage à la famille que de l'admettre à y réclamer un état, même à titre de lien naturel. La loi lui accorde des aliments et c'est assez. C'est assez, à deux conditions toutefois ; la première que l'enfant naturel non reconnu profitera de cette disposition, bien que par, une omission qui peut paraître étrange, l'adultérin et l'incestueux soient les seuls que désignent l'art. 762 du Code ; la seconde, qu'ils pourront les uns et les autres faire la preuve nécessaire pour obtenir ce que leur accorde la loi.

Nous croyons en outre que, si la législation actuelle est imparfaite, l'esprit qui l'a inspirée est excellent et qu'il importe, pour le maintenir, de se rapprocher le plus possible des termes de l'art. 340.

Quelques mots d'explication sont ici nécessaires :

Les législateurs de 1803 ont fondé leur doctrine sur la distinction établie entre les enfants procréés dans le mariage et ceux procréés hors mariage ; ils ont dit : Puisque l'acte de la génération est un fait mystérieux dont la preuve certaine échappe à l'homme, la filiation, dans le cas de mariage, sera établie par une présomption absolue « *pater is est quem nuptiæ demonstrant* ». Hors du mariage, pas de présomption, pas de recherche de paternité.

Toutefois, ils n'ont pas cru devoir pousser le système jusqu'à ses dernières limites et ils ont reconnu que, dans un cas, leur rigueur devait fléchir. Ç'a été l'hypothèse de l'enlèvement par violence. Si l'époque de l'enlèvement coïncide avec la conception, ont-ils dit, il y aura présomption non plus absolue, mais relative de paternité. La preuve sera accordée à l'enfant et les juges décideront.

Ce système est logique, il n'est qu'incomplet, et nous croyons juste de nous ranger à l'avis de ceux qui proposent de l'admettre en l'étendant.

Avec la plupart des auteurs, nous faisons figurer d'abord, parmi les exceptions nouvelles, le viol si arbitrairement écarté, et la possession d'état à laquelle il ne manque plus, après les motifs de haute raison si éloquemment développés par M. Demolombe, que la consécration de la loi.

Viol. — Les motifs qui l'ont fait exclure, alors que l'enlèvement était accepté, se trouvent dans les paroles prononcées dans la séance du Conseil d'État, du 26 brumaire an VI, par le premier Consul.

« La loi, dit-il, doit punir l'individu qui s'est rendu
» coupable de viol; mais elle ne doit pas aller plus
» loin. On ne peut l'obliger à reconnaître son enfant
» malgré lui. Cette reconnaissance forcée est contre
» les principes. »

Ces paroles pourraient tout aussi bien s'appliquer à l'auteur de l'enlèvement qu'à celui du viol; la reconnaissance est aussi peu volontaire dans un cas que dans l'autre et pouvait être aussi contraire aux principes. L'exception a été néanmoins justement adoptée.

Mais on a insisté de nos jours et on a prétendu que, si l'on pouvait admettre la possibilité de la conception à la suite d'un viol, on ne saurait trouver dans ce fait passager une présomption de paternité équivalente à celle qui résulte d'une séquestration prolongée pendant un temps plus ou moins long [1]. Cette objection a été victorieusement combattue ; le viol implique à la fois l'enlèvement momentané, la violence et le rapprochement. L'enlèvement au contraire ne fait que présumer le rapprochement. D'où il suit que la présomption qui résulte du viol est pour le moins aussi forte que celle qui tire son origine de l'enlèvement [2].

Que craint-on du reste ? Que des dénonciations injustes ne viennent à être portées devant la justice criminelle ? Mais cela n'est pas admissible devant les peines auxquelles les calomniateurs s'exposeraient. — Qu'un homme, à la faveur d'une accusation de viol, ne soit déclaré le père d'un enfant auquel il n'aurait pas donné le jour ? Mais on oublie que le viol, comme la possession d'état, comme l'enlèvement ne fournira qu'une présomption relative, que la déclaration de paternité restera toujours facultative et qu'enfin les tribunaux, conservant tout pouvoir d'appréciation, auront la liberté de scruter avant

---

1. Ducaurroy, tome V, page 491.
2. Demolombe, tome V, n° 491. — Valette sur Proudhon, tome II, page 139, note a2, etc., etc.

de se prononcer, non seulement les circonstances du fait, mais encore la moralité et la réputation de la femme, non moins que les mœurs du père prétendu.

Or, dans ces conditions, comment ne pas admettre que, lorsqu'il y a eu viol et que l'époque du viol a coïncidé avec celle de la conception, il n'y ait pas une présomption de paternité suffisante pour autoriser la recherche ?

Possession d'état. — Aveu réitéré, constant, réfléchi de paternité naturelle, il est impossible que, si l'enfant peut s'en prévaloir, il ne soit pas considéré comme ayant par le fait même établi d'une manière indiscutable et la reconnaissance tacite de son père et son identité de fils. La possession d'état est, comme le disait Portalis dans la discussion du Code civil, « la plus naturelle et la plus complète de toutes les preuves. » Quoique en droit elle ne doive fournir qu'une présomption relative, en fait elle suffira presque toujours à elle seule à faire déclarer la paternité naturelle et sur ce point au moins on n'aura à redouter ni enquêtes difficiles, ni débats scandaleux.

L'auteur illustre, que nous avons plusieurs fois cité, considère ici l'existence de la paternité comme tellement certaine, qu'il professe, ainsi que nous l'avons dit, qu'elle doit produire les effets légaux indépendamment de toute reconnaissance. La vérité est que, le plus souvent, si l'acte de reconnaissance prescrit par la loi n'a pas été fait, il ne faut l'imputer qu'à l'ignorance ou à l'oubli, non à la volonté qui se reconnaît dans chacun des caractères de la possession d'état.

Ajoutons que, comme M. Demolombe encore, nous n'admettrions pas que la possession d'état, acquise par un long temps de notoriété publique, pût être détruite par une interruption momentanée ou quelque circonstance en apparence contradictoire. Une possession d'état contraire, c'est-à-dire destructive de la première, pourrait seule en enlever le bénéfice [1].

Nous ajoutons enfin à ces diverses exceptions, suivant un vœu maintes fois exprimé, le cas de séduction, alors même qu'il n'y a pas eu enlèvement.

C'est ici, sans doute, que la contradiction fera entendre ses plus vives critiques. Quels sont les caractères qui définiront la séduction? Comment la reconnaître? Quelle en sera la preuve? Pourquoi d'ailleurs lui accorder une pareille faveur?

Nous répondrons en peu de mots, estimant qu'après les développements donnés à tout le cours de cette étude, nos motifs doivent se présenter d'eux-mêmes à l'esprit.

Sur ces trois premiers points la jurisprudence aujourd'hui formée au sujet des actions en dommages-

---

1. Demolombe, tome V, n° 210.

intérêts intentées par des filles-mères doit donner toute satisfaction. La magistrature a pensé qu'il n'était pas au-dessus de sa compétence ni de ses forces de rechercher les circonstances auxquelles la séduction pouvait se reconnaître. C'est une question de fait pour laquelle des règles générales et précises ne pourraient peut-être pas être facilement formulées, qui exige pour chaque cause une appréciation spéciale et délicate, mais qui rentre essentiellement par son caractère et sa nature dans l'ordre de celles que les tribunaux jugent avec le plus de tact et de discernement.

Nous pourrions citer de nombreux exemples de la sagesse de ses décisions : quelques-uns pris en quelque sorte au hasard parmi les plus récents suffiront.

« L'inexécution d'une promesse de mariage peut donner lieu à des dommages-intérêts, lorsque cette promesse a été employée comme moyen de séduction et a été la raison déterminante de relations illégitimes qui n'ont été consenties par celle à qui elle a été faite que sous l'empire d'un espoir mensonger ou d'un engagement méconnu. » — Dijon, 10 décembre 1867 ; Aix, 7 juin 1869, *Table de Dalloz*, 1867-1877, au mot *Promesse de mariage*, n° 12.

« La séduction, lorsqu'elle n'a pas le caractère d'une séduction ordinaire, où l'on ne saurait trouver un coupable et un victime, mais consiste dans une suite de manœuvres qualifiées par les juges de moyens véritablement honteux employés par le séducteur pour retenir dans les liens qu'elle voulait briser la fille qu'il a séduite jeune et sans expérience, ayant, lui, le double de son âge et abusant d'une position élevée, peut être considérée comme un quasi-délit susceptible de servir de base à une action en dommages-intérêts. » — Cassation, 26 juillet 1864.

Un arrêt de Dijon du 16 avril 1861 précise ainsi le caractère des manœuvres coupables : inégalité d'âge, d'intelligence, de position, même de forces physiques ne permettant pas de douter qu'il y ait eu une contrainte morale exclusive du consentement. (Voir pour ces deux arrêts, *Table de Dalloz*, 1845-1867, au mot *Responsabilité*, n°s 61 et 59.)

Il a été jugé en même temps qu'il n'est pas possible de reconnaître la séduction dans le cas où la promesse de mariage n'est survenue qu'après l'établissement de relations illégitimes nées par suite d'un entraînement mutuel et d'un libre abandon. — Dijon, 20 décembre 1867.

Dans celui où la fille était parvenue à une certaine maturité d'âge, et ne pouvait, à raison des circonstances, croire sérieusement à la possibilité d'un mariage. — Tribunal du Puy, 29 janvier 1869.

Ni encore lorsque simplement le commerce illégitime a existé pendant un certain nombre d'années (plus de vingt ans) ! — Caen, 6 mars 1850. (Voir pour ces deux premières décisions : *Table* de 1867 à

1877, *Promesse de mariage*, n°s 16 à 18, et pour la dernière, *Table* de 1845 à 1867, *Responsabilité*, n° 58.)

Il n'y a donc point à redouter le prétendu arbitraire des appréciations. La jurisprudence est formée et elle est sur ces matières aussi judicieuse que prudente.

Quant aux motifs de cette faveur faite à la séduction, ils résultent de la nature même des choses. C'est surtout dans ce cas qu'il y a de la part de l'homme un devoir étroit et sacré. Ses obligations sont d'autant plus grandes qu'il a employé pour vaincre des moyens plus répréhensibles. Il n'a pas même l'excuse, puisqu'il y a présomption d'honnêteté du côté de la fille, de vouloir interdire l'entrée de la famille à un rejeton indigne. La responsabilité de l'auteur principal, rétablie, protégera d'ailleurs efficacement les mœurs. Quand on sentira les dangers de l'inconduite, « au lieu de déshonorer les filles, comme dit un auteur dramatique célèbre, on les épousera, au lieu d'en faire des victimes, on en fera des alliées. De la condescendance des lois naît la facilité des mœurs[1]. »

« Le malheur de notre société, ou cruelle ou hypocrite, c'est de lier tout le fardeau sur l'épaule de la jeune fille, après l'avoir ôté à l'homme ; c'est de venir

---

1. Alexandre Dumas, Préface de *la Dame aux camélias*, page 46.

avec un air vainqueur au secours du plus fort [1]. »
La loi nouvelle remettra tout en sa place et, s'il est
téméraire de se bercer des mêmes illusions dont le
tribun Lahary saluait, en 1803, l'adoption de l'interdiction, il est du moins permis d'espérer, suivant
la juste expression de M. Jacquier, que la prudence
de l'homme marchera d'accord avec la morale, et que
les familles, ces familles si indulgentes souvent et si
aveugles, deviendront plus sévères quand elles auront
à redouter de voir entrer dans leur sein des bâtards
importuns [2].

1. Alexandre Weill, *Que deviendront vos filles*, page 123.
2. Jacquier, *Des preuves et de la Recherche de la paternité naturelle*, Paris, 1874, page 58.

PROPOSITION DE LOI

Article Premier.

L'art. 340 du Code civil est modifié ainsi qu'il suit :

« *Art.* 340. — La recherche de la paternité est interdite, sauf les cas :

» 1° D'enlèvement, de viol, ou de séduction lorsque l'époque de l'enlèvement, du viol ou de la séduction se rapportera à celle de la conception ;

» 2° De possession d'état dans les conditions prévues par l'art. 321 du Code civil. »

Art. 2.

L'action en recherche de paternité ne peut être intentée que par l'enfant ou en son nom.

Elle se prescrit par six mois à dater de sa majorité.

Elle ne peut être exercée pendant sa minorité qu'après avis favorable du Conseil de famille et désignation d'un tuteur *ad hoc* chargé de le représenter dans l'instance.

Art. 3.

Elle est soumise à l'accomplissement des formalités prescrites en matière de séparation de corps par les art. 875, 876, 877, 878, §§ 1 et 2, et 879 du Code de procédure civile.

Art. 4.

La preuve par témoin n'est admise que dans les conditions de l'art. 323 et sous réserve de la preuve contraire conformément à l'art. 324 du Code civil.

FIN.

TABLE DES MATIÈRES

	Pages.
Préface de M. Léon Renault.	I

Iʳᵉ Partie.

Notes historiques sur la recherche de la paternité.	1
Textes de l'ancien droit......................	4
Arrêts des Parlements.......................	7
Règle *creditur virgini*.....................	10
Opinion de Pothier..........................	11
Extrait du discours de d'Aguesseau à la Tournelle criminelle le 13 août 1698....................	15
Discours de Servan au parlement de Grenoble....	16

IIᵉ Partie.

Travaux préparatoires du Code civil.............	21
Origine de la règle : La recherche de la paternité est interdite................................	23
Travaux de la Convention : Cambacérès et le Directoire.......................................	24
Discussion au Conseil d'État...................	26
Texte de l'art. 340 présenté par Bigot-Préameneu.	28

Rapport de Labary au Tribunat (12 mars 1803).... 31
Discours de Duveyrier au Corps législatif le 23 mars 1803.. 33

IIIᵉ Partie.

Généralités sur la jurisprudence de 1804 à 1845. 37
Arrêt de la Cour de cassation du 5 pluviôse an III, aff. Desforges contre Sprimont................ 38
Arrêt de la Cour de cassation du 9 vendémiaire an VII, aff. Gallard contre Fouques........... 39
Arrêt de la Cour de cassation du 19 vendémiaire an VII, aff. Maton contre Garaud........... 40
Arrêt de la Cour de cassation du 3 ventôse an X.. 41
Arrêt de la Cour de cassation du 26 mars 1806, aff. Linstruiseur contre Marthe.............. 42
Changement dans la jurisprudence. Raisons de ce changement... 44

IVᵉ Partie.

Généralités sur la jurisprudence de 1845 à 1853.. 46
Arrêt de la Cour de cassation du 21 mars 1845.... 47
Critique de l'arrêt.. 48
Arrêt de la Cour de Bordeaux, 5 janvier 1848...... 53
Critique de l'arrêt.. 54
Arrêt de la Cour de Caen, 10 juin 1850............. 55
Critique de l'arrêt.. 56
Arrêt de la Cour de Montpellier, 10 mai 1851...... 57
Critique de l'arrêt.. 58

TABLE DES MATIÈRES.

	Pages.
Arrêt de la Cour de Bordeaux du 23 novembre 1852	59
Critique de l'arrêt	60
Arrêt de la Cour de Douai 3 décembre 1853	60
Critique de l'arrêt	61
Arrêt de la Cour de Dijon du 16 avril 1861	62
Arrêt de la Cour de Colmar du 31 décembre 1863	62
Critique de l'arrêt	63
Arrêt de la Cour de cassation du 26 juillet 1864	64
Critique de l'arrêt	65
Arrêt de la Cour d'Aix du 7 juin 1869	70
Critique de l'arrêt	70
Arrêt de la Cour de Toulouse du 28 novembre 1861	71
Critique de l'arrêt	71
Jugement du tribunal civil de la Seine du 24 février 1876	71
Critique du jugement	74
Arrêt de la Cour de Bourges de 1879	75
Critique de l'arrêt	76
Jurisprudence réactive à partir de 1853 rejetant les demandes en dommages-intérêts	77
Arrêt de la Cour d'Aix, du 14 juillet 1853	77
Arrêt de la Cour de Bastia, 28 août 1854	79
Arrêt de la Cour de Grenoble, 18 mars 1854	79
Arrêt de la Cour de Nancy, du 25 février 1865	80
Arrêt de la Cour de Paris, du 19 janvier 1865	81
Jugement tribunal de Savenay du 28 juillet 1865	81
Arrêt de la Cour de Paris, 2 août 1866	82
Arrêt de la Cour de Caen, du 5 juillet 1875	83
Opinion de M. Bertauld	84
Réponse de M. Ancelot	87

Ve PARTIE.

Auteurs et Jurisconsultes.

	Pages.
M. Millet, *la Séduction*............................	91
Le proxénétisme et la séduction................	94
La séduction devrait être punie.................	96
Théorie du quasi-délit de séduction............	97
L'article 1382 du Code civil......................	99
Discussion de Me Tournade sur l'art. 1382.....	100
Les promesses de mariage inexécutées..........	105
L'arrêt de cassation du 29 juillet 1864.........	106
Opinion de MM. Aubry et Rau...................	108
La reconnaissance judiciaire malgré le père.....	110
Contradictions de M. Demolombe.................	111
L'extorsion de signature et la séduction.........	114
Proposition de loi de M. Millet...................	115
M. Jacquier. — Des preuves et de la recherche de la paternité naturelle...........................	116
L'article 1382 appliqué à la séduction...........	117
Reconnaissance de l'enfant faite par acte sous-seing privé	118
L'obligation naturelle sanctionnée par les tribunaux..	119
Opinion de M. Delvincourt........................	123
Opinion de M. Morelot.............................	124
Les utopies de M. Acollas........................	125
M. Stéphane Berge et la *Revue générale de droit et de jurisprudence*................................	126
Son opinion sur le serment des filles séduites....	126

TABLE DES MATIÈRES.

Pages.

M. Baret, *Histoire critique des règles sur la preuve de la filiation naturelle en droit français et étranger*.. 127
Son opinion sur la jurisprudence actuelle. Une réforme est indispensable, cas d'enlèvement, cas d'inexécution de promesse de mariage...... 129
Du commencement de preuve par écrit.......... 130
Retour aux arrêts des Parlements de 1626 et 1661. 132

VIe Partie.

Proposition de loi déposée au Sénat.

Le dérèglement des mœurs, la littérature miroir de la société....................................... 135
La littérature réaliste au XIXe siècle............... 137
Qu'est-ce donc que la séduction?.................. 140
La panacée de M. Lacointa....................... 142
Les filles honnêtes doivent résister............... 145
A propos de l'arrêt de la Cour de Bastia, du 3 février 1834............................... 147
La recherche de la paternité et les Codes étrangers. 150
Les jolies filles et le *Kiltgang* suisse............... 155
Les enfants adultérins et les enfants naturels simples, véritable sens de l'art. 762 du Code civil. 164 157
Examen du texte de la proposition de loi........ 164
Article I.. 164
Article II... 167
Article III.. 167
Les droits de la mère............................. 172
Les droits de l'enfant............................. 173

Les bons conseils des réformateurs au prétendu
   père, art. 761... 175
La possession d'état peut-elle être invoquée par
   l'enfant naturel... 177
Conclusion.. 179

Appendice.

Texte de l'exposé des motifs et de la proposition
   de loi déposée au Sénat............................. 181

FIN DE LA TABLE DES MATIÈRES.

www.ingramcontent.com/pod-product-compliance
Lightning Source LLC
Chambersburg PA
CBHW070531170426
43200CB00011B/2393